大型综合展览策划与组织

总顾问 王志平　　主编 王彦华　　本册编著 廖志豪

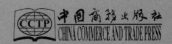

中国商务出版社
CHINA COMMERCE AND TRADE PRESS

图书在版编目（CIP）数据

大型综合展览策划与组织/王彦华主编. —北京：
中国商务出版社，2015.4
现代会展培训指定教材
ISBN 978-7-5103-1271-7

Ⅰ.①大⋯　Ⅱ.①王⋯　Ⅲ.①展览会-策划-技术培
训-教材-展览会-组织管理-技术培训-教材　Ⅳ.①G245

中国版本图书馆 CIP 数据核字（2015）第 081583 号

现代会展培训指定教材
大型综合展览策划与组织
DAXING ZONGHE ZHANLAN CEHUA YU ZUZHI

总 顾 问　王志平
主　　编　王彦华
本册编著　廖志豪

出　版：中国商务出版社
发　行：北京中商图出版物发行有限责任公司
社　址：北京市东城区安定门外大街东后巷 28 号
邮　编：100710
电　话：010-64245686　64515140（编辑二室）
　　　　010-64266119（发行部）
　　　　010-64263201（零售、邮购）
网　址：http://www.cctpress.com
网　店：http://cctpress.taobao.com
邮　箱：cctp@cctpress.com
照　排：北京科事洁技术开发有限责任公司
印　刷：北京密兴印刷有限公司
开　本：787 毫米×980 毫米　　1/16
印　张：12　字　数：182 千字
版　次：2015 年 5 月第 1 版　　2015 年 5 月第 1 次印刷
书　号：ISBN 978-7-5103-1271-7
定　价：38.00 元

现代会展培训指定教材
编 委 会

总顾问： 王志平

顾　问： 李晋奇　王润生　徐　兵　马春志　刘建军

主　编： 王彦华

编　委： 毕任重　谭　实　华谦生　余　意　廖志豪　陈秋茹

陶　茵　陆　莹　李德颖　庄　洪　刘铨东　肖　嵘

刘维义　徐健生　袁镇辉　傅郁芬　邓丽宙　余劲文

王　爽　张　程　唐　平　宋文璨　朱　威　杨　凌

韩才波　姚壮波　吴珍珍　乐　鹏　梁晓华　邓　科

吴钢军　戴显坚　周素芬　康　琦　王宝德

序

中国加入世贸组织以来的十多年间，会展业作为联系生产与消费的中介，在中国也得到了迅猛发展，已经成为现代服务业的一个重要分支并呈现出一系列新特征：

一是境内展会数量和规模快速增长。据商务部统计，2013年全国共举办各类展览7 319场，同比2008年的4 490场增长63%；2013年展览面积9 391万平方米，同比2008年的4 517万平方米增长108%。展览范围涵盖机械、化工、印刷、家电、家具、服装、通信、生物医药、汽车、珠宝、建材、美容、文化等各个行业。

二是出国展览市场稳定发展。2013年全国102家组展单位共赴75个国家实施经贸展览会计划1 492项，比2009年的1 183项增长26%，其中参加国际博览会1 422项，占实施总量的95.3%，单独举办展览会70项，占实施总量的4.7%。2013年出展项目净展出面积64.7万平方米，比2009年的42.64万平方米增长51%。

三是展馆规模全球领先，布局更加科学。截至2012年年底，全国拥有5 000平方米以上会展场馆316个，可供展览面积1 237万平方米。2013年，全国在建会展场馆13个，面积154.49万平方米。预计全部建成后，全国会展场馆总数将达329个，可供展览面积达到1 391.49万平方米。随着展馆设施不断完善，全国已经形成长三角、珠三角、环渤海三个会展经济带。

四是办展主体呈多元化发展。在办展主体方面，我国形成了政府、商（协）会、事业单位、国有企业、民营展览公司、中外合资展览公司以及外资展览公司等多层次、多渠道办展的新格局。全国5 000平方米以上展会中，各类企业和行业协会举办展会约占全国展会总量的77%（其中，企业办展占57%，行业协会办展占20%），已成为行业主流，为各行业企业提供了产品展示、信息交流、贸易合作的平台，对扩消费、促流通、推动对外经贸发展发挥了积极作用。

五是社会经济效益日益明显。会展业是连接生产与消费的桥梁和纽带，各类展会汇聚人流、物流、资金流、技术流，有效拉动餐饮、住宿、交通、零售、旅游等众多服务业增长，促进城市完善基础设施和配套服务，对于转变经济发展方式、增加服务业在国际经济中的比重、推动经济社会全面协调持续发展具有重要意义。会展业带动就业效果显著，2013年我国会展行业带动就业人数达2 777万人次，综合拉动效益日益凸显。

目前，在产值、展馆数量、展馆面积、展会数量、展会面积、世界商展百强等六项主要指标上，中国在展馆面积和展会面积两项指标上居世界第一，其他指标也位居前列，中国已是名副其实的展览大国。同时，中国也是国际展览机构普遍关注及重点发展的市场，并成为其业务增长的主要来源国。随着中国经济持续稳定健康发展，对外开放进一步扩大，全球制造中心地位的形成，居民消费结构不断升级，形成了巨大的现实和潜在的市场，这些都将为会展业的发展提供广阔的发展空间。当然，从国际比较观察，我国会展业目前尚处在"大而不强，多而不精"的阶段，与欧美会展强国相比，我国会展业仍存在发展模式不清、产业规划滞后、资源相对分散、发展方式过于粗放等问题，中国会展业的可持续发展还面临着不少问题与挑战。

商务部是中国会展业的行业主管部门，始终重视、支持这一行业的健康发展和国际竞争力的增强。中国对外贸易中心作为国家商务部的直属单位，在承办广交会的发展历程中，积累了丰富的办展经验，培养了一支专业素质较高的会展人才队伍。随着上海国家会展中心项目的建设完成，外贸中心已经成为名副其实的航母级会展企业集团，成为中国会展行业应对国际竞争的主要依靠力量和迎接国际会展中心向中国转移的重要载体。为适应会展业发展趋势与规律的这些新变化，外贸中心加大了在干部培训培养、企业大学建设、宏观经济政策研究、会展业发展规律研究等方面的投入。他们围绕国内外会展业发展面临的热点、难点问题，理论联系实际，深入调查研究，完成了许多行业影响大、参考价值高的课题。历时两年、由多位同志利用业余时间编写的广交会现代会展培训指定教材（共七册）就是上述投入的重要成果之一。这套丛书有以下三个方面的突出特点：

1. 视角宽广、重点突出。丛书从政府与企业、从国际到国内，全方位论述了会展业发展面临的主要问题，提出了许多针对性强、可操作的建议措施，对政府制定政策有较高参考价值；涵盖了从策划、招商、招展到现场管理等会展业涉及的各个重要环节，对企业制定发展战略有较强指导意义。

2. 案例丰富、图文并茂。丛书的主要编著者都是有着多年实战经验的同志，丛书中许多展览项目的案例就是这些同志的亲身经历和切实体会，特别是《中国第一展——广交会文库》收录的所有文章，都是每位作者国内外调研的精品之作，首次结集出版。

3. 方法科学、结构严谨。丛书共七册，第一部分是导论，是全套丛书的基础和总纲。第二部分是现代展会核心业务读本，按照展会的主要内容分为组织策划、招商推介、现场服务、展示工程、专业展览五个分册，是展会业务链的全景展示。第三部分是《中国第一展——广交会文库》，是从近几年来外贸中心完成的几百份研究报告中精选而来并按不同专题归类整理的，是独具特色的知识库，具有较高的教学与科研价值。

王志平

2015 年 3 月

前　言

　　本书通过对广交会和多个国际、国内大型综合性展览会的分析与对比研究，总结规律，对大型综合性展览会的策划与运作进行了较全面的阐述与分析。

　　全书共分七章，前六章分别阐述了大型综合性展览的基本概念、组织架构、展览立项、制订办展计划、展中管理、展后管理等内容，最后一章为总结与综述。

　　书中引用了大量的广交会文档资料，不少为广交会当前正在使用的操作性文件或资料，可以直接为国内同类大型综合性展览的策划与运作提供全面而具体的参考。

　　限于学识与能力，书中不足与不妥之处在所难免，恳请各位专家与读者批评指正。

廖志豪

2015 年 3 月于广州

目 录

第一章　基本概念

第一节　展览存在的经济分析

一般来说，展览会可分为贸易型展览（Trade Fair）和消费型展（Consumer Exhibition）两大类。就笔者个人的观点，贸易型展览本质上是一个交易平台，如果从经济学的角度来分析，展览的存在意义就在于它能降低买卖双方的交易成本。无论是参展企业还是采购商，通过参加展览会降低的交易成本，就是他们愿意为参展而付出的最大价格。这些价格的总和，就是展览业的收入来源——主办展览公司的营业收入，展览工程与各类媒体广告等展览配套服务的收入，以及酒店、餐饮、交通等社会配套服务的收入均来自于此。

参展商与采购商的实际交易可以在展览会上完成，也可以在展后发生，只要对最终形成的交易产生了降低成本的作用即可。贸易型展览的另一个作用就是信息交流平台，包括产品信息、价格信息、供应商信息、服务信息等一系列与贸易成交相关的信息。现代展览更重要的是信息平台功能，偏重成交的展览已经日渐稀少。出现这一趋势的原因一是与经济发展程度有关；二是与现代交通手段、信息传播手段日益发达有关，买家有必要、也有条件在收集更多的信息之后才做出采购决定。

以最典型的成交型展览——广交会为例，在举办之初，广交会的目的非常单一，就是按照计划为国家出口创汇，因此"看样成交"成了她最真实的写照，也是其办会宗旨。这其实也取决于当时中国的经济形态——在经济发展初级阶段，特别是在中国当时还是计划经济的形态下，流通环节几乎等同于销售，有什么才卖什么，所以展览会也主要是发挥交易功能，而基本没有市场调研、推广营销、产品研发之类的信息功能。我们也可以想象，今天如果在一些较不发达国家（例如非洲部分经济落后地区）举办贸易型展览，参展商与采购商的行为也必然是纯交易导向的。市场经济越发达，展览会的信息功能越强，参展商与采购商的参展行为就越多样化。

早期的展览会上，参展商和采购商由于沟通交流成本高（比如会后交流只能使用长途电话、电报、传真等手段），参加展览会必须要利用面对面的机会完成尽量多的交易步骤，因此销售导向比较明显。但随着信息技术的不断进步，特别是互联网、电子邮件与电子商务的应用，普通沟通成本大为降低，采购商会把一些交易细节留到展后处理，而把有限的展览时间更充分地利用起来，比如市场分析、价格比较、寻找新供应商、寻找新产品、与合作伙伴共同探讨新产品开发等。采购商行为的多样化，自然导致了参展商行为的多样化。比如参展商也要分析市场和比较价格，包括会把企业的产品设计师或品牌营销人员派往展览，而不限于只派出销售人员，等等。这种演变过程，在一些有较长历史的贸易型展览会上尤为明显。

消费型展（Consumer Exhibition）几乎没起到 B2B 交易平台的作用，基本上只是个信息平台，而且一般更侧重零售环节的信息传达，这与贸易展侧重于批发环节明显不一样。但是，消费型展虽然不着眼于直接的 B2B 贸易，而且表面上看它主要起的是宣传和传达信息的作用，着眼点往往在终端消费者，但最终起的作用仍然是促进了 B2B 和 B2C 贸易，所以从这个意义来看，消费型展也是起了降低交易成本的作用，只是作用更间接、效果更分散、周期也更长而已。

杜塞尔多夫游艇展（Boot Düsseldorf）是一个比较典型的消费型展。非常有意思的是，尽管费用不菲，主办方每届仍会在展馆内架设几个大型水池，安排观众进行水上运动和竞赛，尤其注意安排青少年的水上运动。青少年很明显不是游艇买家，主办方此举却颇有深意——一方面通过增强青少年的兴趣，可以直接刺激其家长的购买行为；另一方面，从长远来看，这个群体也是未来客户，只要培养了他们的兴趣，20 年后，他们就会自然而然地转化为直接买家。

Boot Düsseldorf 2013 现场图片

资料来源：http：//www.mediadb.org/

第二节　大型综合性展览的定义

一、如何划分展览的规模

一个展览的大小是一个相对的概念，从不同的角度都可以定义展览的大小。有何指标可界定一个展览属于"大型"呢？在业界可以有很多标准，展览毛面积（或称"总展览面积"Gross exhibition space）、展览净面积（Rented space/Exhibitor stand space）、参展企业数（Exhibitors）、参观人数（Visitors），都可以成为衡量一个展览规模的指标。展览主办方往往会选择一个或多个最有利于自身的指标进行宣传，增加展览吸引力，因此我们也经常可以看到许多"业内最大"的展览。比如香港秋季电子产品展（Hong Kong Electronics Fair, Autumn Edition），一直以来都宣传是"全球最大的电子展"，这一方面与其选择的"电子展"定义有关，世界上极少有展品范围完全相同的展览；另一方面，香港秋季电子产品展也的确在参展商数量方面排在同类展览的第一位（超过3 300家）。同样是偏重于消费电子的展览，美国拉斯维加斯的电子消费品展（International CES）总展览面积近 18 万平方米，远远超过香港秋季电子展近 8 万平方米的总展览面积，但在参展商数量上（3 200家）的确略少于香港电子展。因此，香港电子展宣传"全球最大"并不为过，在其宣传资料中也通常只强调参展商数与采购商数，较少提及展览面积指标（以上分析均基于 2012 年数据）。

值得一提的是，行业划分可以不断细化，所以所谓的"业内第一"也是相对的。同样以上述两个展览为例，按德国展览协会（AUMA）的划分，它们均归在 Consumer Electronics，Broadcast and Television Technology 这个大类（Sector）下，而汉诺威消费电子、信息及通讯博览展（CeBIT）也属于这一类。CeBIT 无疑在展览毛面积、展览净面积、参展企业数、参观人数等方面均处于领先地位，称为"世界第一"完全没有争议。所以 CeBIT 的宣传口号就是"The world's No. 1 marketplace for digital business"。

以上这些也给展览主办方一个启示：在规定了一些约束条件后，总可以找到一个对自己最有利的指标，作为宣传推广的卖点。

＊业界最常用的展览规模指标

一般来说，业界最常用的展览规模指标是展览毛面积。相对其他指标展览毛面积更能突出展览各方面的影响力。

展览净面积对应参展商的租用面积，直接体现了展览最核心部分的规模，也是一个较好的指标，但却反映不了公共展示部分的情况。许多展览会划出一定的公共区域展示一些主题性的内容，最常见的包括创新产品、潮流趋势、获奖作品等。这部分区域由主办方组织，不属于任何参展商，因此不能计入展览净面积，但却是一个优质展览不可或缺的部分。展览毛面积则把这部分区域面积也计算在内，因此能更全面地反映一个展览各方面的情况。

同样，参展商数量也反映了一个展览的规模。但在参展企业数相当的情况下，展览的总面积越小，企业的平均展位面积就越小，说明企业的平均规模或参与积极性（投入）也较小。特别是上了一定规模的展览，如果参展企业普遍展位较小，说明企业在突出自身特色、差异化竞争方面的表现普遍较弱，展览本身的竞争力、行业影响力也不可能很高。因此，作为一个代表性指标，参展商数量仍然不如展览毛面积全面。

参观商的数量往往是展览效果的最终反映，受多方面因素影响，因此也不是一个最佳的指标。比如，消费型展的观众数量通常会远远多于贸易展，这并不能说明问题，因为专业观众和非专业观众对参展商和一个展览会的影响力是不一样的。主办方是否收取门票费用、费用的高低以及是否有其他限制条件（比如凭邀请函入场）等，都会对观众数量产生影响，而且不同展览的情况会完全不一样，缺乏一个统一的标准来确定观众质量，所以单纯比较观众数量不具备足够的说服力。

当然，展览毛面积也不是一个十全十美的衡量指标。比如，不同的展览会有不同的展厅利用率（展览净面积/展览毛面积），显然在毛面积相同的情况下，更高展馆利用率的展览说服力更强。但无论如何，展览毛面积是相对而言最为全面的展览规模衡量指标。

那么，在确定把展览毛面积作为衡量指标之后，到底总面积达到多少才算是大型展览呢？这里面也有一个相对概念的问题——不同经济体量，可能对大型的定义也会不同。

就中国而言，北京、上海、广州、深圳等一线展览城市，可以定义10万平方米以上的为超大型展览；5万～10万平方米的为大型展览；3万～5万平方米的为中型展览；3万平方米以下的为小型展览。这也是广交会展馆的划分标准，对全年在其场馆举办各类展览，均按此划定规模档次。其他城市可以根据实际情况下调指标，比如南宁，东盟博览会展览面积折算约9万平方米左右，若在京、沪、穗、深等地只能算是大型展览，而在当地无疑属于超大型展览。但如果站在全国的角度来看，以京、沪、穗、深作为统一的标准是比较合适的。

二、何谓综合性

综合展是区别于专业展的概念。站在参展商的角度，专业展和综合展之间的划分标准往往是相对的。例如，通常大家会认为广州国际建筑装饰博览会（以下简称"广州建材展"）是一个专业展，但对于一个只做大理石板的厂家来说，这样的建材展可能会被认为是一个综合展，而厦门国际石材展才是他心目中的专业展。

但站在展览从业者的角度，必须给出一个较为客观、通用的定义：一个展览如果涉及两个或以上相关度不高的行业，但又在同一品牌下同时展出，可以认为是综合展。在这里，行业的区分也并非十分严格。

德国展览业协会（AUMA）将展览划分为 99 个行业类别（Industry Sectors），除了第 1～4 类和第 97～99 类，其他 92 个类别全部都是专业展。第 97～99 类是相对比较特殊的 3 个类别，分别是：

第 97 类——德国在境外举办的展览 German Specialized Exhibitions Abroad（专指德国政府举办的展览，数量非常少，近年来只有每两年一次旨在加强德国与巴拉圭合作的展览）；

第 98 类——世界博览会 World Expositions；

第 99 类——其他贸易展 Other Specialized Trade Fair。

Industry sectors 01...99

94: Marketing, Advertising, Trade Fairs, Conferences, Events
96: Subcontracting
97: German Specialized Exhibitions Abroad
98: World Expositions
99: Other Specialized Trade Fairs

第 1～4 类则是通常所说的"综合展"，包括：

第 1 类——生产资料与消费品综合贸易展 General Trade Fairs for Capital and Consumer Goods；

第 2 类——生产资料贸易展 Trade Fairs for Capital Goods；

第 3 类——消费品贸易展 Trade Fairs for Consumer Goods；

第 4 类——消费者综合展 General Consumer Exhibitions。

Industry sectors 01...99

1: General Trade Fairs for Capital and Consumer Goods
2: Trade Fairs for Capital Goods
3: Trade Fairs for Consumer Goods
4: General Consumer Exhibitions

值得注意的是，AUMA 的 99 个分类之间，并非互不相容，在很多情况下，同一个展览在几个分类中都可以查到。这也是与展览划分标准多样化的特点相适应的。

尽管专业展和综合展之间的划分是相对的，总体而言，综合展下不同行业相关度不如专业展紧密，观众跨行业采购的可能性相对较低，各题材间的观众共享率较低，因此也难以形成展览的规模优势；另一方面由于产品类别多，观众需要花更多的时间寻找目标产品，因此综合展的交易效率通常不如同规模的专业展。所以，在市场经济发展得较充分的情况下，也就是采购商的社会分工比较成熟的条件下，展览机构一开始举办的往往都是专业展。

在现实中，我们依然会看到许多大型展览以综合展形式存在，或者说许多专业展在发展过程中，越来越"跨界"，扩充到一些其他行业，变成了某种形式的综合展。这又是为什么呢？

我们在比较综合展和专业展的交易效率的时候，强调了一个关键词："同规模"。展览是一个规模效应非常明显的行业，强者恒强，通常规模越大越有优势。如果比较规模不在一个级别的专业展和综合展，是没有意义的。一个综合展下某个题材的规模已经与专业展相当，它的交易效率并不必然会低于专业展。

总结大型综合展的形成，一般而言有以下几种情况：

1. 从创办之初就选择了综合展形式，从小到大，逐步发展成为大型综合展。

这类综合展，往往是在采购商的社会分工还不太细致的状态下，比如在一些经济体量比较小的国家或地区，又或是处于经济发展水平还不太高的时期才会形成。这也是市场的选择。包括广交会与汉诺威工业展这样的世界顶级大展，都属于这种情况。这两个综合展的案例将在本章最后进行介绍。

2. 最初举办时是专业展，随着展览规模发展到一定程度，扩张到其他题材，变得更综合。这是大型展览中常见的发展轨迹。正如前面说过的，由于判断标准不同，综合展与专业展之间的界线往往并不太清晰。

扩张到其他题材通常有两种形式，一是从原来已经涉及的题材里细分出更专业的行业或题材成为专业展区或子展览；二是直接设新的专业展区或子展览。仍运用前面举过的例子，假设广州建材展下面设立一个石材行业的子展，那么原本认为广州建材展过于综合，不如厦门石材展专业的一些厂商，也许也有可能选择参加广州建材展。

在这方面，目前已经发展成为全球规模最大的家具展——中国（广州）国际家具博览会（广州家博会）可以作为一个比较典型的案例。在其不断发展的历程中，广州家博会首先细分为民用家具展和办公家具展两大模块，随后由于展览发展迅速，展馆场地不足，进而以两大模块为基础，分期举办。在发展过程中，陆续新设或细分出来，与民用家具展同期举办的还有"国际家居饰品/用品展览会"、"国际家用纺织品及辅料博览会"和"国际户外家具及休闲用品展览会"这3个专业展；与办公家具展（现已更名为"办公环境展"）同期举办的还有"国际木工机械、家具配料展览会"。

虽然仍然在一个大品牌下，广州家博会总体上已经变成了一个大型综合展，因为它不但涉及了家居装饰品与用品这个国际上列入消费品展范畴的题材，又涉及了纺织品题材；还涉及了木工机械这个生产领域的题材。但在具体细分行业里，它又变得更专业，细分行业的专业采购商也得到了充分的照顾。可见综合与专业两者并不必然矛盾。展览在原有题材范围已经发展到较高水平的阶段，往往需要扩充题材来获得进一步发展的市场空间，增加综合性，可以扩大目标客户的范围与数量；提高专业性，目的则在于更有针对性地服务于专业观众和专业参展商，提高在专业领域的交易效率，从而提高展览的竞争力。

3. 展览合并，即原来独立办展的两个或更多的展览，合并成为新的展览。

如果原来的展览题材不同或各有侧重，合并后自然就形成了综合性更强的展览。实际上，通过这种形式演变而成的综合展，背后的原理与第二种情况是类似的，仍然是通过综合性扩大目标客户群，通过专业性提高交易效率与竞争力。

4. 大型综合展览通过品牌移植，异地举办。

这是许多跨国展览巨头经常采取的办展模式。由于母展已经过市场考验，如果母展本身是综合展，移植异地举办的新展往往也会采取综合展模式。

5. 考虑了一些市场以外的因素而按综合展模式举办的展览。

以上情况基本上都是在市场中自然形成的综合展，但也有一部分展览由于考虑到社会效应、政府行政目标等因素，为了扩大展览规模和初期的社会影响力，选择了综合展的模式。这也是中国涌现出许多政府主办的综合展的主要原因。

三、大型综合性展览策划与运作的范畴

展览的策划既包括展览在首次举办时的立项分析、制订办展计划、设计相应组织架构，也包括创办以后每一届的办展计划工作。一个有活力和竞争力的展览，必须保持其创新性，因此展览的策划并不仅仅只存在于第一届，而应该贯穿一个展览的整个生命周期。大型综合性展览由于行业覆盖面更广，其策划工作需要统筹与协调的因素也自然比专业展多得多。从立项的市场容量分析、目标客户群定位，到办展计划中的宣传推广、招商、招展，再到为此需要设计的组织架构、人才准备与知识库准备等，都远比专业展复杂，无疑难度也更大。

展览的运作实际上相当于展览策划的具体实现。如果以时间轴来划分，它可以较清晰地分为展前、展中、展后三个阶段，从字面我们就可以理解它们分别对应的时间段。展前也就是通常说的筹备期，相当于从制订办展计划后的招展、招商阶段，一直延续到展览开幕，入场布展期也包括在内；展中是指从开幕到闭幕这个关键时间段；展后则是指闭幕后的收尾阶段，既包括了撤展这样外部性工作，也包括了展览总结这样的内部性工作。展览总是一届一届、周而复始地进行，当届展览闭幕之日，正是下届展览启动之时。所以本届的展后阶段往往与下届的展前阶段重叠。

本书后面的章节大体上也将按照大型综合性展览的策划与运作的各个阶段分别阐述。

第三节　两个大型综合性展览的案例分析

一、广交会

中国进出口商品交易会，又称"广交会"，创办于 1957 年春季，每年春

秋两季在广州举办，迄今已有 58 年历史，是中国目前公认的历史最长、层次最高、规模最大、商品种类最全、到会采购商最多且分布国别地区最广、成交效果最好、信誉最佳的综合性国际贸易盛会。目前，广交会每届总展览面积达 118 万平方米，位居世界单年展第一，吸引了资信良好、实力雄厚的 24 000 多家中国公司以及 500 多家境外公司参展；境外采购商达 20 万人，来自 210 多个国家和地区；每届成交金额均超过 300 亿美元。

目前，广交会的产品共分 16 大类，51 个展区，涉及行业之广，在国际、国内都绝无仅有，是毫无疑问的超大型综合展。但在专业展趋势无可争议的今天，作为规模最大的综合展，广交会的展览效果之好，不逊于其他任何专业展，无疑是国际展览界的一道独特的风景线。

＊为什么广交会至今还能保持综合展的形态？

大部分展览举办之初都只是中、小型展览，在市场经济还不发达的情况下尤其如此。广交会也一样，举办之初只有 9 600 平方米。这也是与当时中国的经济发展水平相适应的。在经济总量还比较小，可以用于国际贸易的商品更是稀少的情况下，广交会当时采取了综合展的模式是必然的选择。

世界展览的趋势之一就是专业化，也就是专业展将成为主流，综合展的市场份额将越来越小。那么，在中国市场经济已经充分发展的今天，广交会作为综合展，为什么还能存在，且始终保持良好的发展？主要有以下几个原因：

（一）国际贸易交易成本较高的特点使综合性采购具有了一定的优势

广交会是国际展览界中一个非常独特的案例——一般展览都以产品、行业为主题，广交会却以贸易方式（出口）为主题。相比之下，国际贸易的交易成本（包括参加展览会的商旅成本、时间机会成本、达成交易后的运输成本等）都要高于国内贸易。这就导致了国际贸易的订单量通常需要远远大于普通国内贸易（这也是国际贸易起订量通常为一个货柜的原因）才能分摊高昂的交易成本。大型、专业采购商可以在一个行业内完成足够大的采购额，对他们而言，综合性展览没有优势，反而可能降低他们的采购效率，所以大型专业采购商更倾向于专业展。但对于大多数中小型采购商而言，在某一个行业的采购量很可能并不足以分摊交易成本，这时候综合性的广交会就成为更适合他们的展览。

（二）广交会的超大规模实际上相当于多个同期举办的专业展

广交会产品分为 16 大类，51 个展区。每个产品大类下各个展区之间相关度非常高。如果以一个大类作为一个展览题材来看，广交会实际上相当于 16 个同期举办的专业展。而广交会总展览面积为 118 万平方米，平均每个题材的展览面积为 7.4 万平方米，平均已经达到了大型展览的标准。事实上，16 大类中有 11 类达到了大型展览的标准，其中 5 类更是达到了超大型展览的标准。

在某一题材已经达到了大型展览规模的情况下，该题材的参展商与采购商已经达到形成良性互动的规模，因此无论是否还有其他展览同时展出，对该题材的影响均不是决定性的。更何况广交会各期同时展出的题材之间并非完全不相关。同期展出的多个题材，反而形成了某种其他专业展览难以比拟的优势。比如，第一期的建材类，与五金工具类就有较强的相关性，五金工具类与机械类又有较强的相关性，因此采购商可以在广交会完成"一站式"采购。

（三）虽然中国市场经济已高度发达，在参展商端可以形成专业展，但采购商所在国不一定高度发达，仍然需要综合展

广交会采购商来自世界 210 多个国家和地区，各国经济体量有大有小，发展程度也有高有低，因此国际贸易领域仍然存在大量的综合性采购商。这些采购商的存在，需要一个产品类别较多的综合性展览与之匹配。

二、汉诺威工业展

德国汉诺威展览公司成立于 1947 年 8 月 16 日，时值第二次世界大战刚刚结束，德国经济陷入困境，房屋倒塌、工业破产、食品长时间短缺。获胜的西方力量认为使德国经济恢复的唯一方法就是向外界展示他们自己的货物。选择汉诺威这个城市作为展览地点，其原因是在市郊"拉岑"的联合轻金属公司的厂房仍然完好无损，并且能够很简单地转变为展览场地的结构。

为了使企业家、工人和政治家看到经济的复苏，汉诺威市政府决定于 1947 年 8 月 18 日至 9 月 7 日举办展览会，于是第一届"汉诺威工业博览会"

（最初的名称为"出口博览会"）召开了。这次展会的目的是展出适合出口的布隆迪地区被官方称作为"德国制造"的产品。展会收到了令人满意的效果。在 21 天展期中，来自 53 个国家的 736 000 名观众参观了展会，1 300 名展商在总计 30 000 平方米的展馆内展出了他们的产品，签订的订单及商业合约多达 1 934 份，合计金额 31 600 000 美元左右。汉诺威工业博览会取得巨大成功，就好像有希腊神话中主管集市与交易的赫尔墨斯神相助，因此德国汉诺威展览公司以赫尔墨斯的侧头像作为公司的标志，直到今天。

起初，几乎每个人都怀疑汉诺威无法与被称为"展览会首都"的莱比锡相比。但是在接下来的几年，汉诺威工业博览会逐步成为了德国经济奇迹的标志。1948 年，第一个电话通信在展览会和纽约之间建立。

值得注意的是，展览会最初的名称是"出口博览会 Export Messe"，定位于推动"德国制造"的出口。这一点与广交会非常相似。只是随着展览会的发展，它的主题变得更多样化和专业化，展览会的名称也相应进行了不断的变更。

1950 年，第一批 10 个国家的国外展商参加了已更名的"Deutsche In-dustrie-Messe"（"德国工业博览会"）。1961 年，官方正式采用"汉诺威工业博览会"这一名称。它迅速成为了国际技术和工业的交流平台。

在 1975 年，汉诺威林业木工展首次成为一个独立的展览，继而是 1986 年的汉诺威电子、通信及消费品展（CeBIT）。CeBIT 独立办展后，发展非常迅速，目前已经成为汉诺威展览公司的两大旗舰，与汉诺威工业展齐名，展览面积甚至还曾一度超越了母展，成了当时的世界第一大展。

在题材方面，汉诺威工业展从一开始就是一个综合展，涉及了工业制造的多个类别。在其不断发展的过程中，虽然不断分离出了像 CeBIT 这样的一系列专业展，但是母展本身始终保持着综合展的状态。然而，专业展的潮流不可抵挡。汉诺威工业展最终也选择了在工业展大品牌下系列专业展的模式，既保持了多年积累下来的品牌优势，又能适应专业展的要求。目前，汉诺威工业展共分为 11 个主题专业展，其中 7 个每年展出，另外 4 个每两年才展出一次。

每年展出的 7 个专业展：

1. Industrial Automation 工业自动化展

2. Energy 能源展

3. MobiliTec 新能源汽车技术展

4. Digital Factory 数字化工厂展

5. Industrial Supply 工业零部件与分承包技术展

6. Industrial Green Tec 环保技术和设备展

7. Research & Technology 研究与技术展

每两年才展出一次的 4 个专业展：

8. Motion，Drive & Automation 动力传动与控制技术展

9. Wind 风能展

10. omVac 空压与真空技术展

11. SurfaceTechnology 表面处理技术暨欧洲粉末涂层技术展

这样的安排也是与各个行业的更新周期相适应的——更新快的行业可以每年均展出，但部分题材只需两年展出一次即可以满足市场要求。这也体现了将综合展细分为若干个专业展的好处，可以各自独立运作，不必强求一致。也正因为此，汉诺威工业展自然而然形成了大小年的状态——单年为大年，展出全部 11 个题材；双年为小年，只展出 7 个题材。

通过对上述两个案例的分析，我们可以看到，无论是广交会还是汉诺威工业展，都是创立于经济尚不太发达的时期，展览规模不大，因此在创立之初选择了综合性展览的模式，并沿着前面列举的第一条道路，逐步发展，成为世界上最顶尖的两个大型综合展。两者最初目的在于扩大出口，也是选择综合性的内在原因之一。

但是，如果在今天的中国或德国，展览机构如果要创办一个大型展览，综合性显然不是一个最佳选择。因为作为当今世界第二大和世界第四大经济体，两个国家都有足够大的市场容量，也有充分发育的各种市场要素，专业展显然是一个更好的起步选择。

然而，即使是在中国现今市场经济发达的情况下，一个纯粹依靠市场力量创办的展览，第一届就能达到大型展览（5 万平方米）规模的，仍然是凤毛麟角。绝大多数市场化展览都是从小到大逐步发展起来。如果第一届就能

达到大型规模的，往往是通过品牌移植形式创办的展览。但从另一个角度来看，品牌移植展某种程度上相当于原有展览异地举办，并不是严格意义的"创办"。所以，展览机构并不必强求一开始就达到高起点。尊重市场，顺应市场要求，才是展览从业者的出发点。

在中国，我们也看到，许多地方举办的展览，为了扩大影响力等原因，可以借用其他方面的资源投入（比如补贴参展费用、行政指令等），做到起点高，首届直接达到大型展览的规模。但这样的代价之一往往是非市场导向地将多个题材捏合在一起——也就是综合展模式。此做法从商业的角度来看，资源分散，交易效率低，因此也往往容易导致效果不佳。如果基于一些其他因素的原因，必须要选择综合展模式的话，至少可以选择汉诺威工业展的形式，在大品牌下设立若干个专业子展，各个子展可以更有针对性地独立推广，吸引对口专业观众与会。当然，此举能更加适应外部市场的要求，但在资源配置上仍然是较分散的，总体运营效率仍然会低于创办一个专业展。

第二章 大型综合性展览组织架构

俗语道："兵马未动，粮草先行"。展览的成功举办，离不开展前和展中的周密部署和充分筹备。要完成这些工作，就必须依靠正确的展览组织思路和分工明确的组织架构。正如《管理经济学与组织架构》一书指出的："市场条件、技术状况以及政府干预相互作用，决定了公司合理的经营战略与组织架构。"① 那么，对于展览而言，其组织架构是怎么搭建的？其中存在什么规律？本章从组织架构的定义、设置思路、可设置类型、设置切入角度入手，并通过部分知名展览的组织架构设置实践，探讨展览，尤其是大型综合性展览组织架构的搭设。

第一节 组织架构设置思路

一、组织架构的含义及划分

从一般意义上来定义，组织架构（Organizational Structure）是指，一个组织整体的结构，是在企业管理要求、管控定位、管理模式及业务特征等多因素影响下，在企业内部组织资源、搭建流程、开展业务、落实管理的基本要素。② 这里有几个关键的要素：企业提出的管理要求和设想、具体业务特征、业务开展方式。聚焦到大型综合性展览，上述理论也同样适用，只是关键要素则切换为展览主办方的组织诉求、大型综合性展览的资源组织方式、展览开展管理、展览后续跟进回馈等内容。一般而言，组织架构可从架构设置类型和架构设置时间两个方面进行划分。

---

① ［美］布里克利，史密斯，施泽曼. 管理经济学与组织架构. 张志强，黄春香，译. 第1版. 北京：华夏出版社，2001

② 部分内容引自百度百科，http://baike.baidu.com/view/1763171.htm

架构设置类型方面，通常以金字塔形为主。对于绝大多数展览而言，无论是综合展还是专业展，都会面对相似的展览构成对象：展出者、参观采购者、其他与会者。由这些对象所产生出的需求，则成为展览职能和架构的划分依据。由于这些对象彼此之间界限较为清晰，需要不同的团队单独对其需求做出响应，因此在长期的发展中，"直线—职能型"（生产区域制）的组织架构被广泛采用。这种从属于金字塔形的架构设置方式，具有集中领导、顺畅沟通、可保持专业独立性的优点：高层领导以直线领导为原则，对中层行使指挥权；中层则根据高层领导的指示，结合自身所对应职能和专业属性的判断，对其以下人员行使指挥权。

值得注意的是，有时为充分激发各个职能部门的积极性，避免"直线—职能型"存在的各部门间协作不足，效率较低，市场反应速度欠佳的缺点，部分展览还会采取以下方式进行调整：一是采取一种较"直线—职能型"更为进一步的组织架构。这种被称为"模拟分权制"的架构倾向于为职能部门提供更多的放权和自主性，使其负有模拟性的自负盈亏任务。职能部门负责人在决策、反应等方面具有更大的权力，从而能够有效地推动展览适应千变万化的市场环境。二是设立跨部门的新项目运作小组。小组成员通常由来自各个职能部门的人员组成，以"会战"的形式短时间聚集在一起，从而形成一种名为"矩阵制"的，依然属于金字塔形的组织架构。这种组织能够有效应对短时间内突发的需求或任务，同时由于其较为扁平的结构，能够大大加快相关成员的响应速度。

架构设置时间方面，可分为展前组织架构和展中组织架构两部分。与按照架构设置类型划分相似，无论是综合展还是专业展，均有着相似的运作内容：展前筹备、展中运作、展后跟踪。为实现这些工作目的，展览组织架构除了按职能进行划分外，还会根据不同时期的不同任务而暂时细分出部分项目组。这种类似于前述矩阵形的"会战"组织，大多出现在展中运作阶段。值得注意的是，这些项目会因应展览的愿景、诉求或短期内要承载的使命不同而有所区别，其中又会因其主办方的需求不同产生区别，这将在后面的章节详细阐述。

二、组织架构的设置思路

从第一章的基本概念可知，展览是一个可以降低交易双方交易成本的平台，而之所以可以降低交易成本，是因为这个平台能够实现交易双方所需要的资源聚拢。从这个角度而言，如何能用最低的成本，实现展出资源、采购资源、服务资源及其他相关资源的聚集，是展览组织架构存在的根本意义。也只有合适、恰当、符合实际需求的架构，才能有效地保障展览经济功能的实现和展览本身的成长与发展。

在笔者看来，组织架构的设置与以下因素密切相关：一是展览本身的设立愿景、承载的主办方诉求、呈现的社会角色；二是参与主办的机构性质、聚集资源能力、展览未来发展目标；三是主办方及承办方的思维模式、行为习惯、主体背书等。其中第一点和第二点主要从展览的整体构成角度切入分析，第三点则是从展览的具体运作角度进行探讨。

据此，笔者认为展览组织架构的设置应分为两种不同的切入视角：一是展览各方组织者的角色定位，并根据其在具体运作过程中的作用不同，分为主办、协办、承办、支持、合作等角色。其中主办者通常是展览的主要发起者，也是在展览举办中起到主导作用的一方，承办者的所有行动基本上都要在得到主办者的首肯后方能付诸实现。协办者通常是展览组织事务的协助开展者，不负责或只是部分负责展览的具体策划事项，而把大量的精力放在运用自身资源实力帮助展览推进筹备组织工作；支持者发挥协办者相似的作用，但参与的程度更弱一些。合作者则是一种比较特殊的参与方式，通常是将自身拥有的资源以置换的方式参与到展览的组织筹备工作中。

根据上述的角色定位，展览策划者则可根据自身的实际条件和情况进行分配。对于大型综合性展览而言，由于其具有相当的资源聚集难度，又或者因为部分大型综合性展览需要承担的政策宣传职能，在一开始的时候，其发起者通常由政府来充当（当然，部分发展历史较长、规模较大的专业展，由于其已向产业链上下游，以及其他行业延伸，呈现出专业下的综合态势，其主办方则由专业的展览公司充当）。而协办、支持、合作等角色，则由与展览内容、行业相关的协会或媒体担任；至于承办者，通常是由具有专业办展经验、优势的机构出任。

二是展览承办者的组织架构设置。展览承办者的组织架构通常会紧扣参展者、参观采购者、现场服务这三个最基本职能进行划分，亦即招商、邀请和展览服务三大板块。由于这三项职能的相对独立性较强，适合作为单一项目进行管理运作，因此承办者通常会运用项目管理的方法，根据"项目规模、历时长短、管理组织经验、上层经营理念及洞察力、项目定位、有效资源、项目独特性"等要素[①]，以激励积极性和充分发挥团队能力为出发点，选择最合适的组织架构。

值得一提的是，展览本身的定位同样会对承办者的组织架构设置产生影响。例如若展览以追求经济利益为最大诉求，承办者的组织架构则会在预算编制控制、市场跟踪响应、展览组织策划等部门倾斜，以最大限度地适应市场的需求；若展览以展示特定内容，抑或是公益性为最大诉求，承办者则会更多地关注于各方资源的统筹协调，会场布置服务、贵宾接待活动策划等方面。这些内容的不同，会带动组织架构在人员数量、素质要求等方面产生不同。但不能忽视的是，展览的组织架构始终以保障展览顺利筹备运行为根本目的，在这个层面，保持上令下达的顺畅、项目具体执行效果的不走样和部门之间有效的协作都是最受关注的问题。

第二节　基于角色定位的组织架构设置

一、组织架构中的角色阐述

经济学家马歇尔曾在其《经济学原理》中指出，大量相互关联密切的商业企业在空间上的集聚，从而形成一定区域内商业网点密度和专业化程度很高的商业经营场谓之商业集聚。不难看出，展览会正是一个在特定时间和空间内形成的商业集聚。其以团组块状的形态，集合了所有行业相关、属性相似、概念相近的资本和产品。要实现这一切，就需要一系列参与者。如本

---

① ［美］哈罗德·科兹纳著．项目管理计划、进度和控制的系统方法．杨爱华，王丽珍，石一辰等，译．第10版．北京：电子工业出版社，2010

章第一节所述，这些呈现为主办者、协办者、承办者、支持者和合作者的角色，就是行业集聚的参与者，他们在展览形成的过程中发挥着重要的作用。值得关注的是，这些角色定位是以机构在展览组织中不同的地位和参与密切度进行划分的，而这又与机构的主观意愿、所具备的资源容量、集聚商业过程中所发挥的作用息息相关。

主办者——通常指有权、有主动意愿、有实力且有话语权发起举办展览的一方。主办方通常是展览定位的确立者，也是展览会其他参与者的牵引力量。一个强而有力的主办方可以有一个或多个机构出任，他们通常对展览的举办起着主导方向的宏观作用。

协办者——通常指在展览或活动中发挥着积极推动作用，着眼于部分具体事务开展的一方（在部分角色定位不多的展览中，协办方还指为展览提供赞助或部分资源支持的一方）。他们通常不参与或只是部分参与展览的策划工作，同时在部分具体实际事务中发挥作用，例如参展者组织、参观采购者邀请等。

承办者——通常指展览具体工作的实际执行者。承办者是主办方实现展览组织筹办的最核心力量，通常由具备展览需求的专业展览组织知识、技术及经验丰富的团队担任，是把主办方提出的展览概念具象化的关键因素。主办者和承办者的关系通常是领导和被领导的关系，承办者作为主办者的被委托方，肩负着展览和活动工作的具体实施任务。在不少展览中，也会出现主办者和承办者合二为一的现象。国际上一些知名展览公司办展实力较强，也拥有较广泛的各种资源，可以依靠一己之力完成展览主、承办两项职能。

合作者——通常指与主办方之间存在资源互换可能的一方，是主办方因自身领域所限，无法实现部分资源条件下，在其他领域寻求的合作角色。合作方对展览的重要性视其置换资源的数量和分量确定，但毫无疑问的是，合作方是对展览的一个极佳的补充。

支持者——从角色的参与度而言，支持者是展览策划运作参与度最小的角色，仅在部分展览事务上对展览组织起到推动作用，而通常列作此角色的一般带有名誉性的色彩。

以当前较为知名的展览为讨论对象，一般而言，专业展的主办方通常是由业界颇具实力的展览公司，以及在行业内具有相当号召力的行业协会组成，其协办方则由与展览会关联度较高的协会组成，在部分领域上与主办机构的行业协会之间存在交叉。由于主办方和协办方均是行业相关协会，因此无论是为了扩大合作面，还是调动更多方面的资源，抑或是拓展更深的商业联系，专业展的合作方和支持方都十分多样。

综合性展览方面，由于其大部分在设立初期都与某个国家或地区的经济发展政策有关，因此其主办方中通常会有政府的踪迹。在我国，大部分综合性展览都是政府主导型展览，因此主办方的组成直接是各级政府，或各个国或地区的政府。正因为主办方角色由政府扮演，展览在行业力量上有所欠缺，所以综合性展览的协办角色通常由展览相关的行业协会出任。对比专业展相对有局限性的资源调动能力，由政府扛旗牵头的综合性展览在资源调动方面更胜一筹，因此国内的综合性展览基本没有合作方和支持方。

但有一点是毋庸置疑的，就是无论是专业展还是综合展，展览的承办机构均由专业的展览执行机构负责，这在最大程度上保证了展览组织的专业性。

二、具体展览的组织架构角色

为了让读者更好地了解相关组织架构的具体构成，笔者特意选择多个极具代表性的展览加以介绍，读者可从中详细了解展览中组织架构的角色设置。[1]

（一）上海宝马展

上海宝马展（Bauma China）由德国慕尼黑国际博览集团（MMG）在中国设立的慕尼黑展览（上海）有限公司组织举办，是在欧洲有逾50年历史的品牌工程机械展览——德国宝马展（Bauma）的海外子展览之一（其在印度也有同类的子展览）。2000年，MMG借千禧年之际进军中国市场，并把宝马展作为品牌引入。该展览在中国市场获得了巨大的成功，2012年展览数据显示，当届展览面积达19.55万平方米，吸引2 718家展商和近18万名专业

---

[1] 广州家具展相关资料来源：http://www.ciff-gz.com/；上海宝马展相关资料来源：http://www.b-china.cn/；广交会相关资料来源：http://www.cantonfair.org.cn；南博会相关资料来源：http://www.csaexpo.cn/html/index/

观众参与。该展览的组织架构见表2—1：

表2—1　上海宝马展组织架构表

角色定位	参 与 机 构
主办者	德国慕尼黑国际博览集团（MMG） 慕尼黑展览（上海）有限公司（MMI-SH） 中国工程机械工业协会（CCMA） 中国国际贸易促进委员会机械行业分会（CCPIT-MSC） 中国工程机械成套有限公司（CNCMC）
承办者	慕尼黑展览（上海）有限公司（MMI-SH）
国际合作者	美国设备制造商协会（AEM） 德国机械设备制造商协会（VDMA） 欧洲建筑设备委员会（CECE） 日本建筑设备制造商委员会（CEMA） 日本建筑机械化协会（JCMA） 韩国建筑设备制造商协会（KOCEMA）
国际支持者	印度建筑商协会
国内支持者	中国机械工业联合会 中国水利企业协会 中国施工企业管理协会 中国建材工程协会 中国建筑业协会机械管理与租赁分会 中国公路建设行业协会筑养路机械分会 中国建筑材料集团有限公司 中国华电工程（集团）公司 中国铁路工程总公司 中国铁道建筑总公司 国家工程机械质量监督检验中心 中国对外承包工程商会 中国电力建设企业协会 中国工程机械工业协会工程机械租赁分会

资料来源：http://www.b-china.cn/

从表2—1可以看到，该展览的主办者由五个机构共同出任，其中MMG是宝马展的主要发起者、慕尼黑展览（上海）展览公司则是MMG在中国设立的展览公司，可以说是上海宝马展的具体运营决策者。除此以外，中国工程机械工业协会、中国国际贸易促进委员会机械行业分会、中国工程机械成套有限公司等三家机构都是工程机械行业具有极大话语权的协会。展览组织方与行业协会的联合，是上海宝马展主办者的显著特色。

由于宝马展母展的国际性，因此上海宝马展的组织架构中也出现了国际行业协会的身影，美国、德国、欧洲、日本和韩国的机构作为相关展览资源的组织方，大大提升了上海宝马展的展出资源质量，也大大扩大了对应采购商资源的受众面。此外，由于宝马展在印度也有子展览，因此印度的部分工程机械也作为部分展出内容出现在展览上，而由于其与 MMG 的特殊合作关系，因此其出现在了国际支持单位一栏。最后是 14 个涉及工程机械各个使用领域，以及在业内极具实力的企业和业务相关协会，他们虽然在展览中有所贡献，但占比不大，更多的是作为名誉性质出现在组织架构中。

（二）中国（广州）国际家具博览会

广州家博会由中国对外贸易广州展览总公司（以下简称"展览总公司"）组织举办的轻工类展览会，展期为一年两届，其展览规模、与会采购商人数均为亚洲范围内同类展览前列。

表 2—2　广州家博会组织架构表

角色定位	参　与　机　构
主办者	中国家具协会 中国对外贸易中心（集团） 广东省家具协会 香港家私装饰厂商总会
承办者	中国对外贸易广州展览总公司
协办者	广州市家具协会 北京家具行业协会 顺德区家具协会 中山市家具商会 东莞市家具协会 佛山市家具行业协会 玉环县家具行业协会
支持者	香港贸易发展局 台湾区家具工业同业公会
合作者	广州市 020F 家具科技俱乐部

资料来源：http：//www.ciff-gz.com/

虽然时至今日广州家博会已经发展成为一个综合展，因其由专业展发展而来，故与专业展上海宝马展相似，广州家博会主办者同时由展览公司——

中国对外贸易中心（集团），以及知名行业协会——中国家具协会、广东家具协会、香港家私装饰厂商总会组成，协办者则囊括了家具行业中的多个行业发达地区协会。为拓展海外的合作，香港贸发局与台湾区家具工业同业公会则作为补充力量担任支持者的角色；为拓展线上线下业务，家博会又选择了广州市020F家具科技俱乐部作为指定合作伙伴。作为中国对外贸易中心（集团）下属的专业办展机构，中国对外贸易中心广州展览总公司为展览的承办提供了优质的承办服务。

（三）中国进出口商品交易会

中国进出口商品交易会，又称广交会，创办于1957年春季，每年春秋两季在广州举办，迄今已有58年历史，是中国目前历史最长、层次最高、规模最大、商品种类最全、到会采购商最多且分布国别地区最广的综合性国际贸易盛会。每一届广交会展览面积超过118万平方米，有超过24 000家中国公司和500多家境外公司参展，与会采购商约20万人。正因其在商贸界广泛的影响力，广交会被誉为"中国第一展"，也是与汉诺威工业展齐名的、世界范围内最著名的综合性展览之一。

表2—3　广交会组织架构表

角色定位	参　与　机　构
主办者	中华人民共和国商务部 广东省人民政府
承办者	中国对外贸易中心
协办者	商协会：中国纺织品进出口商会 　　　　中国轻工工艺进出口商会 　　　　中国五矿化工进出口商会 　　　　中国食品土畜进出口商会 　　　　中国机电产品进出口商会 　　　　中国医药保健品进出口商会 　　　　中国外商投资协会 交易团： ——地方交易团：全国47个省市、计划单列市、副省级城市的外经贸 　　　　/商务厅（局） ——央企交易团：商务部外贸发展局为总团，20家中央企业为分团， 　　　　并称央企交易团

资料来源：http://www.cantonfair.org.cn

由于广交会创办于中国外经贸刚刚起步，我国正受到西方经济封锁的特殊历史时期，因此一开始就承载了帮助国家寻找创汇新途径的历史任务。出口成交成为该展览相当长一段时期内的主要办会诉求。正因这一前提，广交会的展览发起者顺理成章地由当时的国家对外贸易部负责发起，因为要借助广州毗邻港澳的地缘优势，广东省人民政府也成为发起者之一。

在广交会，作为主办者的对外贸易部和广东省人民政府的资源优势在于统筹广交会的举办时间、场地、形式、配套衔接等方面，由于货源组织并不属于其掌控范围，因此广交会早期，展览的协办方均为国家政策许可下，被赋予了进出口职能的对外贸易专业总公司承担；随着中国经济的发展和改革开放的深入，进出口专业总公司也逐渐为更为丰富的主体——进出口公司，以及各省、市外经贸部门所取代。

广交会自创办之初就设立了中国出口商品陈列馆。该机构是目前广交会承办机构——中国对外贸易中心的前身，主要负责为广交会提供展览洽谈场地，组织陈列布置，联系接待国内与国外来宾，负责客户资信及邀请等，这一职能一直保持至今。

如表2-3所示，广交会目前的主办者为商务部和广东省人民政府，其中商务部的前身即为对外贸易部。这种双重领导的机制完全沿袭了创办初期的设立准则。承办者方面，中国对外贸易中心汇聚了半个多世纪的办展经验和运营优势，专门负责广交会的具体运营事务，包括采购商邀请、展区调整划定、配套服务提供等。协办者则包括7个商协会、47个地方交易团和央企交易团。其中商协会主要负责广交会中行业协调事务，按照行业概念对展厅内的企业展位位置进行安排；地方交易团负责所属地域的企业组织及部分展位的分配事务；央企交易团负责不隶属地方的中央企业的组织参展事务。

（四）中国—南亚博览会

中国—南亚博览会，简称"南博会"，由中国国家商务部和云南省人民政府共同主办，并邀请南亚各国商务部门联合举办，其前身是依托于中国昆明进出口商品交易会（昆交会）举办的南亚国家商品展。该展览是中国西部具有极强辐射力的区域性展览，自2013年开始举办。数据显示，2014年第二届南博会累计外贸成交 210.3 亿美元，共有 46 个境外国家和地区参展，观展人数近 30 万。

表 2—4　南博会组织架构表

角色定位	参　与　机　构
主办者	中华人民共和国商务部 云南省人民政府 重庆、四川、贵州、广西、西藏、成都（省/自治区/市）人民政府
承办者	云南省商务厅下设昆交会办公室/南博会执行委员会 中国机电产品进出口商会 昆明国际会展中心展览公司
协办者	全国工商业联合会 中国国际贸易促进委员会 中国石油和化学工业协会 香港贸易发展局 香港中华总商会 澳门中华总商会 泰国中华总商会 马中经贸商会 越南国家工商会 东盟工商会等

资料来源：http://www.csaexpo.cn/html/index/

　　由于南博会蜕变自昆交会，因此其组织架构基本沿用昆交会的组织架构。主办者方面，国家商务部和云南省人民政府基本发挥着如同广交会主办者的作用，但不同的是，由于展览自身的区域性经济定位特色，主办方的组成者中还存有其他 6 个省、自治区、市人民政府的身影。

　　与广交会不同的还有承办者和协办者两个角色。由于展览不仅仅注重商品贸易，还有国家层面之间的信息交流、投资项目等经贸合作内容，承办和协办者需要承担更多的协调职责，故而承办者有两个：一是云南省商务厅下设的昆交会办公室（现称南博会执行委员会），负责展会相关工作的牵头；二是中国机电产品进出口商会，从行业角度对展览组织进行补充；协办者则由参与展览的各个国家和地区商会组成，负责境外参展企业的统筹、组织。值得注意的是，官方公布的承办者没有包括昆明国际会展中心展览公司，但展览的基本展务运作其实是该公司具体实施的。

如果我们把四个展览的组织架构做一个横向比较，再结合它们各自的特点和展览效果进行分析，会发现一些规律性的东西。

首先，四个展览都由一家专业展览公司作为承办机构，"由专业的人做专业的事"，今天已是展览界的共识，这一点毋庸置疑。但与另三个单一承办机构的展览相比，南博会无疑是较特别的——承办者角色一分为三，昆明国际会展中心展览公司只是其中之一，承担了主要的事务性工作。三者分工各有不同，各施所长，并无太多职能交叉与冲突，另一承办机构机电商会也拥有丰富的展览承办经验，作为核心的昆交会办公室更是为该展览专门设立的机构，因此总体上仍然保证了承办机构的专业性。但是，单一承办机构天然地不存在机构间的沟通与协调问题，无疑更有效率。三个在各自业内顶尖的展览都是单一承办机构，这并不是一种巧合。

其次，四个展览都有行业机构的参与，但行业机构的属性各有区别，扮演的角色和参与程度各有不同。

上海宝马展是四个展览中专业性最强的一个，涉及行业较集中，因此参与的也全部是工程机械类行业协会。行业协会参与程度的深浅，与承办展览公司的专业能力与合作模式取向有关。承办展览公司如果配备了足够的专业人才，理论上可以完全不与任何行业机构合作，独力主办，现实中也的确存在这样的例子。但大部分展览公司都会选择与一些行业机构合作，主要原因有两点：一是展览公司通常没有必要常年储备承办展览所需要的专业人员，与行业机构合作可以相对低成本地获取这方面的专业支持；二是展览的营销、推广也需要渠道支持，行业机构本身就是一种良好的渠道，目标受众匹配度高，与之合作可以快速获取渠道支持和扩大影响力。虽然上海宝马展的德国母展专业性非常强，但移植中国后，在专业人才储备和专业渠道上，单靠自己都难以在短期内达到必需的高度，与当地有影响力的机构合作是必然之选。因此我们可以看到三家有影响力的中国机构在该展也在合作中取得了较大的话语权。

广州家博会与行业协会的合作形式表面上看与上海宝马展相似，但实际上却有所区别。第一方面是承办展览公司在展览项目中占据更明显的主导地位。究其原因，可能与广州家博会的发展历程有关。广州家博会最初是从地区性专业家具展一步一步发展而来，至今人们仍习惯性地称之为"广州家具展"，因此除了广东省家具协会和香港家私装饰厂商总会是最早的地区性合作者，以及成为全国第一家具展后自然而然引入的中国家具协会这三家以主办者身份出现之外（第四个主办方中国对外贸易中心（集团）为承办方的母公司），其他的协会均只是以协办方的身份出现，且主要是承办方在发展中为了不断拓宽渠道而逐步引进的，均非战略性合作，只是在其各自渠道内发挥作用。第二方面是广州家博会是一个相对综合的展览，除了家具外，还涉及家纺、木工机械、家居装饰品等题材，但合作的行业协会却仍仅限于家具行业。在题材拓宽后，没在引入对应题材的行业协会进行合作，这一点略显意外。这一点可能与家具题材在该展中占绝对优势地位有关，毕竟其他题材均属于延伸题材，居从属地位。但理论上来说，在已经发展成为了相对综合的展览后，适当引入各个行业的合作机构并无不妥。当然，在市场经济环境下，任何经营性主体在商业上的行为都是它在自身面临的约束条件下的最优选择，作为旁观者掌握的信息肯定远不如局中人充分，自然也不可轻易下定论。

广交会引入的协办方与前两个纯市场化商业展不同，它的协办方不是普通的行业性协会，而是六个进出口商会和一个外资协会。尽管六个商会都各有归属的行业，外资协会在广交会也主要是管理协调草柳纺织品与藤铁工艺品这个细分行业。通常商会基本上都专注于贸易环节，对产业链的其他环节，比如生产、产品研发方面关注相对较少，这是他们与行业性协会的最大不同。虽然总体上在行业深度方面比行业协会略有不足，但在行业广度方面，商会通常更有优势，这一特点也是与广交会的情况相匹配的。广交会可称得上世界上涉及行业最广的贸易性展览会，涉及16大类51个展区，即使每个展区仅仅只选择一个行业协会，至少也需要51个行业协会参与。数字是非常惊人的，如果真的与大多数展览一样，选择行业协合作，承办机构需要投入大量的人力处理与众多行业协会的沟通问题，操作难度将极大，效率也不可能高。另外，广交会从一个纯贸易展发展而来，尽管时至今日，展览的功能已经发展得更为多样化，信息交流、产品开发、新品推广等专业展的功能也日益突出，但传统的贸易成交仍是第一要务，因此选择与商会合作大体上能满足其专业性的需求。加之随着商会自身的不断发展，相关行业的专业深度也在不断加强，也可为广交会提供越来越有力的专业支持。除了各商会，广交会特有的交易团制度也能为提高展览的专业性提供帮助。交易团由各地方的商务主管部门牵头组成，对地方企业的发展情况与专业水平有较深入的了解。加上筛选有实力的企业参加广交会，促进地方出口和经济发展，也是地方政府的施政目标之一，因此地方商务主管部门有一种与广交会发展目标相一致的内在施政动力，从而提高了广交会的参展质量和专业性。

南博会尽管形式上参与机构的组成与广交会类似，但实际上却有较大的区别。同样是有较多的商会参与，但与广交会的六家有明显行业方向的商会不同，南博会的参与方基本上是地区性商会，相对更缺乏专业性。主办方之一的中国机电产品进出口商会是其中最大的亮点。中国石油和化学工业协会则是唯一的行业协会，但毕竟仅能提供一个行业方面的支持。这也是南博会专业性不如广交会的原因之一。另外，南博会的协办者有许多境外商会，他们的参与为南博会建立了良好的海外渠道，这也是南博会的一个优势，为南博会参展商国际化打下了良好的基础。同样，南博会也采用了地方政府组团的模式，起了确保参展企业质量的作用。

总体而言，上述四个展览的组织角色分配相通之处仍是主要的。不难看出，它们均倾向于"由专业的人做专业的事"——行业协会、商会运用自身的资源影响力调动行业资源，展览机构运用自身的办展经验和整合实力打造平台，同时他们还有一些境外合作方，海外拓展可交由相关地区的行业伙伴合作，而关于线上服务则寻找优质的、具备相当实力的专业伙伴进行合作。从经济学角度而言，这是符合成本原则的，各个角色均在自己的领域有着成本优势，而其他需要整合到展览中但自己未有这方面成本优势的领域，则采取合作的方式进行，可达到共赢。

同样基于成本优势的考虑，在当前的新媒体时代，越来越多的展览需要保持展览信息的经常性更新、并通过多种社交渠道送达目标受众。若仍然由展览承办者或主办者来负责，不但费时费力，而且效果未必上佳，需要在媒体领域具有成本优势的合作者加入。以中国（广州）国际汽车展览会为例，该展览选择了新浪网、搜狐汽车、凤凰网、央广网、车迷之家、国际在线等数十家媒体作为合作媒体，把对外推广宣传、话题炒作的事项完全市场化，从而使展览在开展前、开展中和开展后都形成了许多极具吸引力的话题,大大提升了展览的关注度。近年来,广交会也在境外宣传中,大幅增加了软文推广的比例,并通过专业公司进行运作。

广州家博会由专业展演变而来,虽然目前已经发展成综合展形态,但组织架构和各方角色上,仍基本保持了最初状态,与上海宝马展更接近。而后两个有政府背景的展览从创办之初就是综合展,与前两个商业机构主办的市场化展览相比,其组织架构角色相同也不同。共同点在于:一是展览的具体实施同样需要依赖专业的展览公司,专人做专事;二是同样需要行业协会的力量进行补充运作。不同点则在于:一是展览发起者——主办方通常只由政府充任,二是参与展览筹备的政府机构数量较多;三是组织架构中的角色类型不及专业展丰富。

是不是综合性展览有政府的参与就更好呢?这个问题可以从两个方面来解读。一是在展览组织筹备方面,如前面所述,综合性展览通常意味着大量的行业聚拢,需要解决多个方面的资源协调事宜,在展览举办的初级阶段很难单纯依靠市场化力量来实现,如果必须举办综合性展览,政府力量的参与是一种自然而然的选择。此外,结合目前的市场情况,笔者认为综合性展览只是一种展览状态的描述,而并非一种性质分类,最直接的例证是目前越来越多的大型专业展因其向自身相关行业扩展而开始呈现出越来越多的综合性特征,在这种情况中,由于展览本身已具备较为成熟的举办条件和市场认可度,政府的参与就显得可有可无了。二是在展览的外部配套组织方面,政府的力量是不可替代的。大型综合性展览通常会形成巨大的人力物力聚拢,如每届广交会期间超过 40 万人次,中国—南亚博览会期间接近 30 万人次,对展览举办当地都是一次巨大的考验。在这种情况下,政府必须在公共服务、配套措施、交通疏导等方面投入资源。值得一提的是,德国汉诺威工业展在这方面起到了极佳的市场化示范效应。该展览由德国汉诺威展览公司负责一切运营事务,但为了在公共资源投入和产出方面取得平衡,该公司的 49.8% 股权属于其所处的下萨克森州政府和汉诺威市政府。这样一来,政府有其经济上的动力来保证展览的顺利组织,同时享有展览带来的经济衍生效应,而又因股权份额的限制不会干涉到展览承办方的具体行为,从而极佳地确保了后者的自主性。

第三节　基于展览承办者的组织架构设置

一、承办者的组织架构设置依据及概述

一般来说，展览的举办组织思路取决于其展出相关行业属性、展览在展览业市场中的定位、目标参展商层次、采购商（客户群体）的特征、相关展览配套服务的开展特征等因素。如本章第一节所述，这些因素通常可归结为传统意义上的招组展、客商邀请和展务服务三大板块，这构成了展览组织最基本的职能。

招组展主要指在展览的专业产品定位范畴内，尽可能寻找合适的、优质的参展商与会参展，并根据招展的情况和展览的主题，进行恰当的展区、展厅规划。在展览的行业知名度不高的情况下，招展通常伴随着多种多样的展览宣传手段和参展优惠手段，大部分展览还会与专业的行业协会建立合作关系，利用后者的行业组织力和号召力，聚拢参展商参展。

客商邀请主要指以展览名义邀请相应的专业观众与会参观、洽谈、采购，或邀请个别重要的工商团体贵宾与会参观交流。邀请对象的确立基本通过参展商推荐或直接邀请、网络推广、参加其他同类展览、在专业媒体上刊载广告、使用路演等宣传手段等实现。

展务服务主要指展览运行过程前、中、后三个时期的相关展览配套服务，通常包括展品运输和仓储、展位设计及搭装、银行和金融服务、商务配套服务、餐饮和安全服务、现场投诉和处理、展位拆卸和卫生清洁、服务质量调研及跟进等。展务服务是展览顺畅运行的关键，也是展览组织是否成熟的标识，对促进展购双方参展积极性和忠诚度提升有十分重要的意义。

这三大职能使展览的承办机构因此形成了不同的团队。当然，个别承办机构会在这些板块下根据行业进行细分，或置入其他展览衍生职能（例如信息化事务、信息交流服务、个性化定制服务等），但招展、邀请和展务服务的主躯干是无法变更的。

同样以当前较为知名的展览为讨论对象，无论是专业展还是综合展，这三大职能板块基本会由专业的展览公司负责，综合展通过"直线—职能型"

的部门设置方式，以分工负责的形式由独立的团队进行运营。值得关注的是，在这方面专业展和综合展存在一定的差异，主要体现在专业展的三大板块基本都集中在展览公司中，而综合展（特别是国内的展览）由于其本身独特的属性和定位，上述职能有时会分散到其他展览参与角色中。

此外，无论专业展还是综合展，都会在展览举办期间组建一定数量的临时项目组，以应付只有展览期间才会大量出现的特定需求，例如信息交流、新闻宣传互动等。就笔者目前掌握的信息来看，综合展在临时项目组方面的组建需求较专业展要大得多。

二、具体展览的承办组织架构

与上一小节类似，笔者同样选取了数个展览的承办组织机构加以阐述，以帮助读者更好地了解具体细节。

（一）上海宝马展承办者——MMI-SH

MMI-SH 内设的"项目Ⅲ组（高新科技类）"、"市场传讯部"和"展览运营部"三个部门是上海宝马展的主要负责部门（详见图2-1）。其中项目Ⅲ组主要负责展览项目规划、展览规模设定、展位安排、展览资源伙伴联系等事务；市场传讯部主要负责采购商及观众邀请、对外宣传、展览期间活动安排、媒体邀请管理等；展览运营部负责展览现场服务、服务质量评估等工作。显而易见，项目Ⅲ组承接的就是招组展的职能，市场传讯部承接的是客商邀请职能，而剩下的展务服务职能主要由展览运营部负责。

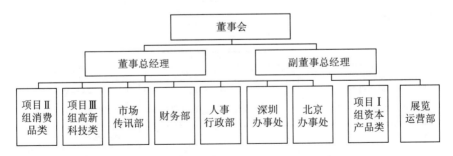

图2-1　慕尼黑展览（上海）有限公司组织架构

资料来源：http://www.mmi-shanghai.com/cn/

图 2－2 2013 年上海宝马展现场

资料来源：http://www.b-china.cn/

（二）广州家博会承办者——广州展览总公司下属华佳分公司

广州家博会具体由展览总公司下属的华佳分公司负责组织开展。如图
2－3，其组织工作主要由三个部门负责：展商营销部、市场推广部和展务部。
展商营销部主要负责展览规模设定、展区规划、合作商业模式规划、业内交

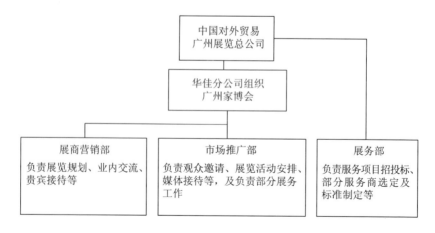

图 2－3 广州展览总公司华佳分公司组织架构图

资料来源：中国对外贸易广州展览总公司华佳分公司

流、展商联盟沟通、贵宾邀请接待等；市场推广部主要负责专业及普通观众邀请、展览期间活动安排、行业峰会组织、媒体宣传接待等，同时还负责部分展务工作，包括会刊制作、公共布展等；展务部从属于总公司，主要负责展览外包服务项目的招投标（展位搭建、展品运输等）、部分服务商的选定及标准制定、展馆协调、现场服务质量评估等。大致上，在这个分工中，展商营销部承担了招组展的职能，市场推广部承担了客商邀请职能，展务部承担了展务服务的职能。

图 2—4 广州家博会 2011—2013 年现场

资料来源：中国对外贸易广州展览总公司华佳分公司

从上述两个展览，尤其是 MMI-SH 可以看出，该公司通过"直线—职能型"的方式构建起整个承办组织架构：董事总经理受董事会领导，而其领导的项目Ⅲ组则根据其指示，负责整个宝马展的具体招组展事宜。市场传讯部则以独立团队的形式运作，负责展览的客商邀请、新闻宣传等事项，而展览的展务服务则由副董事总经理领导的展览运营部负责。这种形式确保了各个团队的独立性和专注度，可以说是当下市场认可度较高的组织架构方式。

另外，随着展览集团型机构的逐渐形成，许多机构不仅会以单个展览为对象进行纵向的组织架构设置，也会以其辖下所有展览为对象进行横向的组织架构设置。如 MMI-SH 的市场传讯部和展览运营部，不仅服务于上海宝马展，也同时服务于诸如中国环博会、慕尼黑上海电子展、百分百乐器展等系列展览。又如广州家博会的母公司广州展览总公司，根据当前信息化潮流的市场趋势，专门设立了信息化部。该部门专门负责展览网站建设、信息更新等工作，其不仅服务于广州家博会，还同时服务于展览总公司下属的其他展览，诸如中国（广州）国际建筑装饰博览会、中国（广州）国际汽车展览会等。

（三）广交会承办者——中国对外贸易中心

广交会主要由中国对外贸易中心内设的广交会工作部、国际联络部和客户服务中心分别承担组展、客商邀请、展务服务等职能。与前述两个展览有两处不同：一是作为大型综合性展览，外贸中心在单纯依靠自身力量进行招展方面存在着巨大的执行难度，因此需通过各省市的地方商务部门以招展代理的方式来实现；二是综合展涉及行业因素太多，外贸中心在组展、客商邀请等方面需要借助行业协会的力量进行补充。三个部门的主要职能如下：

——广交会工作部

负责参与广交会发展规划调研工作；负责与商务部有关司局、各省市交易团、各进出口商/协会进行沟通协调，策划广交会办展方案；负责进口展区管理、招商招展工作开展及组展进度监控；负责广交会展务事务工作开展；负责重大活动策划管理，广交会期间会议论坛的市场调研和策划实施，广交会出口产品设计奖项目的策划、管理和实施等。

——国际联络部

负责广交会采购商规划、信息收集、整理及分析工作，并定期提交报告；负责对广交会海外采购商（包括重要客户）邀请、招募、信息数据库系统采集及管理工作；负责招商渠道管理工作；负责做好境外政府机构及工商团体的联络、接待工作；负责广交会国外市场推广、策划、宣传推介工作；负责出访招商工作的策划及实施；协助进行广交会采购商办证工作。

——客户服务中心

由 6 个子部门组成，具体包括综合管理部、展馆销售部、展览服务部、技术设备部、信息化部和保卫部。负责牵头组织广交会展位图纸的审核；负责组织广交会特装施工单位资质认证工作，组织特装展位施工的现场管理和服务质量监控；负责对展馆、场地的改造、维护和维修，负责展馆供电、排水、电气设备的维护维修；负责广交会保卫工作，以及交通组织工作的规划、监督和指导；负责展馆资源的招商管理、市场推广宣传及赞助工作；负责广交会的信息化工作。

```
                    ┌──────────────────┐
                    │   中国对外贸易中心   │
                    └──────────────────┘
        ┌──────────────────┼──────────────────┐
```

广交会工作部	国际联络部	客户服务中心
负责展览调研，与商务部有关司局、各省市交易团、进出口商协会协调，出口和进口展办展方案策划实施，重大活动策划管理、信息交流增值服务策划实施等	采购商规划、信息收集、整理及分析，广交会海外采购商邀请、招募、信息数据库系统采集及管理，招商渠道管理，境外政府及工商机构联络接待，国外市场推广策划等	由6个子部门组成，负责广交会图纸审核，特装施工单位认证，展馆场地改造维护，展馆供电排水电气设备维护维修，广交会安全保卫交通疏导，展馆资源招商推广，信息化服务

图 2—5　中国对外贸易中心组织架构

资料来源：中国对外贸易中心

图 2—6　第 114 届广交会现场

资料来源：http://www.cantonfair.org.cn

三、展中临时管理服务机构

展览筹备正式拉开帷幕后，部分工作就会一跃成为当时最为迫切、需求最大的项目，例如新闻宣传工作（公布展览的最新动态、成交数据、重大活动或业界迫切需要了解的资讯，同时也是展览公关形象的权威输出口）；业务量统计工作（展览实时数据统计分析）；外事工作（与会境外采购商的需求应对，部分外事活动的组织、礼仪等）；贵宾接待工作（部分特邀贵宾的接待，涉及大量的个性化服务项目）；卫生保障工作（展览的整体公共卫生安全监控、管理等）；安全保卫工作（展览的整体安全、公共安全事件发生后的首要反映输出口）；知识产权保护工作（大多在国内展览中出现，与当前我国知识产权保护形势有关）。由于这些工作的工作量在开展期间较平时突然大幅增多，且大多具有时间紧、突发性强、需要随时应对以避免负面影响扩大等特点，组建专门的临时机构显得尤为必要。

一般商业展览在举办期间往往可以将展前的组织架构略做调整或延伸，就可较顺畅地完成展中管理。对于大型综合性展览来说，特别是带有政府背景的大型展览，规模较大、层次较高、影响力较广，组织管理的架构也相对较为复杂，通常需要建立专门的现场管理组织架构来开展工作。一般来说，这些组织架构通常分为"职能办公室"和"交易团"两条线，其中前者为了不过多增加运作成本，通常由展览承办者从其内部抽调人员组成，部分还会寻求与外界合作或外聘专业人员；后者则是为了应对展览运行过程中参展主体突然遭遇的投诉、参展事务处理等突发事项。

（一）组织架构

从功能分工角度看，大型综合展的展中临时管理服务机构主要包括以下几个板块：

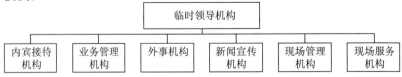

图 2—7　大型综合展临时管理服务机构

1. 展览会临时领导统筹机构

涉及面较广的大型综合展，一般需要临时的领导机构统筹展览管理服务工作，一般由展览的政府主办机构牵头成立，是整个展中管理组织架构权威性的根本保证。如展览主办方涉及多个单位，更需要组建统一的临时领导机构，以避免多头管理。

2. 各下设分支机构

（1）内宾接待机构

大型综合展的接待机构必不可少。接待机构主要面向的是国内的重点客户、贵宾以及政府官员等（外宾接待通常由外事机构完成），从职能来说分为两大部分：一是接待，即迎来送往，二是文秘，即上传下达。前者是指贵宾参与展览活动的整个过程的接待、活动安排等，后者主要指驻会领导现场办公服务，包括文件流转、后勤保障等服务工作。如遇重大活动，内宾接待机构常常还需承担活动的总体协调。对于政府举办的大型综合性展览来说，内宾接待机构地位特殊，非常重要。

（2）展览业务管理机构

展览业务管理机构主要负责展览组织的核心业务，包括展区、展位、展商、展品等展览核心要素的管理。通常展览业务管理机构不仅仅在展览现场管理中发挥作用，而是扩展到展览组织的初始阶段，包括展览组织方案的形成、展区划分、展位安排等，因此展览业务管理机构其实就是招展部门的现场延伸，现场管理上主要负责展位使用的管理、展品管理、知识产权保护、贸易纠纷投诉处理等，以及有关客户关系的维护、接受下届展位的预定等。

（3）展览外事机构

大型综合展主要负责展览会期间的对外交往、外事活动的组织安排，包括安排领导的外事活动、接待外国经贸代表团、邀请或协助邀请并接待外方主讲人、驻华使（领）馆官员、商会团体或公司代表等。如遇重要的大型活动，还需接待安排国外重要官员的行程。对于政府举办的大型综合展来说，通常也是重要的外事场所，外事机构非常重要，我国布局的系列政府举办的大型综合性展览会，如东北亚博览会、中国—东盟博览会、中国—南亚博览会、亚欧博览会等,均在促进与周边国家经济交流的功能之外,蕴含着重要的外交目的,在这样的重要场合,经济与政治外交相互促进。

（4）展览新闻宣传机构

大型综合性展览会通常特别注重社会效应,而新闻宣传就成为主要手段。新闻宣传机构主要负责展览会期间的新闻、宣传、推广,具体来说,主要包括记者邀请、接待、重要采访活动的安排以及组织召开新闻发布会;编辑、出版、发行展览官方及非官方刊物;跟踪媒体报道并反馈舆情,必要时对部分新闻报道做出回应;展览会的对外推广;宣传品的制作和发放管理;规范参展各方宣传行为,及时处理非法宣传行为;组织展览现场资料拍摄和新闻宣传数据收集管理等。

（5）展览现场秩序管理机构（含保卫、证件管理、卫生保障等机构）

展览现场秩序管理,即确保展览现场正常运行的管理,在展览开展期间有着非常重要的地位。从空间上说,展览现场,不仅包括展示场地、公共服务场地,还包括展馆外围区域;从管理内容上说,包括安全保卫、卫生保障、证件等方面。由于涉及面广、管理工作复杂,常常根据不同的管理内容,建立不同的管理机构,各司其职。

（6）展览现场服务机构

展览作为服务业,服务工作主要集中在筹、撤展和开展的几天时间内,需要专门的客户服务机构负责展览现场的各项服务工作,包括搭建服务、餐饮服务、撤换展服务、运输服务、咨询导向服务、设备租赁服务等。与上述现场秩序管理机构的管理控制职能不同的是,现场服务机构更多强调的是服务职能,体现的是以人为本、客户至上的服务意识,是实现客户关系维护目标的主要手段之一。

（二）案例分析

1. 广交会

如图2—7所示,广交会在展中的临时机构画出了明显的两条线:职能办公室和交易团/商协会。与前述一致,交易团负责其所对应企业在展中的突发参展事务处理工作,而职能办公室根据各自关注的临时业务工作焦点进行运作,其人员由广交会承办机构的中国对外贸易中心内部人员临时组成,并根据业务和专业需求邀请了商务部有关司局、广州市卫生局、公安局、交委、食品药品监督管理局等部门派员参与。其具体职能如下：

——大会秘书处

负责广交会总体协调；广交会重大活动的组织与协调；重要嘉宾接待；广交会各机构之间的文件流转工作；统筹现场展览服务和通信、财务等配套服务；后勤保障等日常工作。

——业务办公室

组织、布置进、出口成交工作，负责外贸政策研究、形势分析，指导进、出口成交统计工作；指导广交会展览成效评估工作，研究制定广交会组展工作方案；组织开展有关广交会改革发展调研；负责有关业务信息编报；指导查处违规转让和倒卖展位以及知识产权侵权行为；联系交易团、商协会，协调有关展览工作；指导和推动信息化工作，建立完善的广交会电子政务系统、电子商务系统和信息服务系统等。

——外事办公室

负责广交会对外交往、外事活动的组织安排。包括安排广交会领导的外事活动；接待应邀来访的外国政府及经贸代表团；邀请或协助邀请外方主讲人、驻华使（领）馆官员、商会团体或公司代表等参加在广交会期间举办的相关会议。

——政治工作办公室

负责广交会思想政治工作的组织、管理和协调；负责违规转让和倒卖展位的检查工作。

——保卫办公室

负责广交会展馆和重要活动的安全保卫工作；负责对到会采购商、国内与会人员的住所及主要活动场所的安全保卫工作实行统一的组织指挥；负责展馆的防火安全；负责维护广交会展馆及其附近道路交通秩序，保障交通畅顺。

——新闻中心

负责广交会期间记者邀请、接待、重要采访活动的安排，以及组织召开新闻发布会；负责编辑出版大会刊物和收集整理《舆情快报》；负责宣传品发放管理。

——卫生保障办公室

负责统一领导和指挥广交会卫生保障工作。

——证件服务中心

负责广交会证件的印制和发出；负责采集、分析、汇总采购商信息数据；负责规划完善办证系统、培训使用办证系统和现场管理。

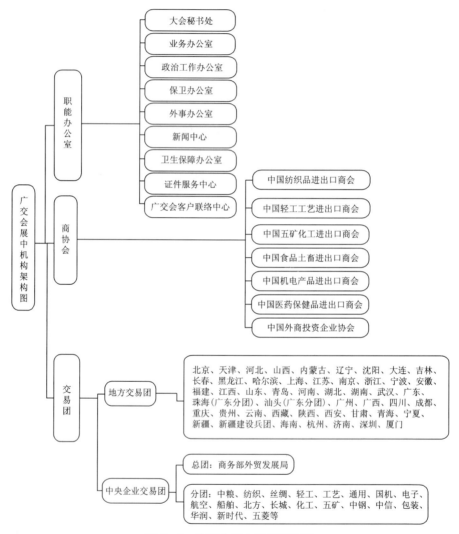

图2—8　广交会展中组织架构图

资料来源：http://www.cantonfair.org.cn

——广交会客户联络中心

该机构可视作展前机构——广交会客户服务中心在开展期间，负责受理展览信息、展品导航、办证咨询、客商与会、仓储运输、审图、交通、展具预订、设备预租、宽带接入、报障、投诉等业务信息，业务将依靠广交会客户服务中心及相关业务将依靠广交会客户服务中心及相关合作伙伴作具体开展。

2. 华东进出口商品交易会

华东进出口商品交易会，简称"华交会"，是由上海、江苏、浙江、安徽、福建、江西、山东、宁波等9个省、市、计划单列市联合主办，国家商务部支持，上海外经贸商务展览有限公司承办的区域性展览。作为综合性展览，其展中临时机构也走"职能办公室"和"交易团"两条线。

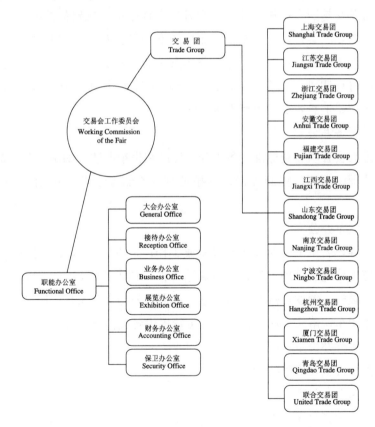

图2-9 中国华东进出口商品交易会组织机构图

资料来源：http://www.ecf.gov.cn/

如图 2—9 所示，华交会设立 6 个职能办公室，同时还有 13 个驻会交易团。职能办公室职能如下：

——大会办公室

负责大会文件、纪要和领导讲话稿起草，组织编写《华交会会刊》、《华交会通讯》和大会总结；负责大会领导成员的会议、宴请和重要活动的安排，内、外宾的拜会，以及有关方面领导参观大会事宜；负责协调大会开幕招待会和开馆组织工作；负责大会的广告宣传工作；负责大会各职能办公室之间、大会对外的协调事宜；负责大会有关材料的校、印、收发。

——业务办公室

监督各交易团贯彻执行外经贸和各项方针政策及规定的情况；协调主要商品出口市场和客户；监督参展企业按核准的经营范围成交并遵守交易会有关纪律，加强知识产权保护工作；收集参展企业和客户反馈信息，对重点市场、商品进行调研，汇总交易会情况，编写综合性简报；召集各交易团的业务研讨会议；汇总各交易团每天成交状况。

——财务办公室

拟定大会各项收费标准、各项开支标准和报销办法；编制大会经费预算；在预算范围内掌握、控制支出；安排处理大会经费、收支的财务两级管理工作。

——展览办公室

负责客户名单汇总与客商请柬发放工作；负责大会布展的总体设计，展览室的搭建分配、管理工作；负责撤馆工作；负责租用展馆、供应展厅内的水、电、暖气、餐饮，落实通信设施；负责办公物资（家具、用品）的供应，安排工作用车，落实生活后勤保障；负责提供各类商务服务。

——接待办公室

负责大会重要贵宾的接待工作。

——保卫办公室

负责大会安全保卫工作。

图 2—10 华交会现场图

资料来源：http://www.baidu.com。

第四节 总结及综述

综上所述，关于大型综合性展览的组织架构设置，需要着眼于以下几点：

一、以各司其职为核心为展览参与者进行角色定位

常言道："术业有专攻"。要办好一个展览，最核心的就是要有优质的参展商和采购商，并配备与之相应的专业的展览服务。要实现这一核心任务，展览参与各方各司其职，通力合作是最大的关键和保障。总体而言，展览主办者应专注于在宏观上理顺展览的发展愿景和市场定位，展览承办者专注于运用自身的资源做好招组展、采购邀请和展务服务，协办者的工作重点则应放在能够发挥自主作用，有利于助推展览顺利举办的关键环节。从上述展览案例可以看出，即便是在招展、组展职能有所分离的综合性展览，各个职能的负责者都形成了各自明确的分工，这才能为保障展览的平稳、健康发展。

二、依托于优秀的专业承办机构

展览业总是随着行业动态、宏观经济形势而不断发展，参展商和采购商的需求也呈现出日新月异的变化。在这种情况下，保持对行业的密切关注，跟踪展、购双方需求变化，整合更多新的资源，改进服务方式和服务内容，是一个展览不断发展的关键。这一切都需要依赖于一个优秀的承办机构，也只有这样一个机构，才能保持展商和采购商资源数据的不断更新，不断优化既有的展览格局和题材，不断提升现场展务服务质量，为与会客商提供更佳的参展体验和效果。

三、承办者需根据自身情况选择最适合的组织架构方式

展览承办机构是展览大部分事务的具体运作者，也是主办方众多设想落地的最终实施人，因此其本身组织架构的设置对工作的执行效果、展览的运作效果有着直接的影响。为了达到令人满意的状态，承办者自身需要有一个与展览相适应的组织架构。这一架构的设置依赖于承办者对自身情况以及展览定位、愿景等的清晰认识。如本章叙述过的，若展览以追求经济利益为最大目标，组织架构就需要更扁平，从而加快对市场情况的应对；若展览以平稳发展为目标，则可选择在组织架构中增加多一些管理岗位，以保证项目实施、控制等能够严格按照既定目标进行。

四、清晰定位自我，充分挖掘外界合作空间

大型综合性展览目前普遍存在展览角色定位过少的不足（仅有主办者、承办者、协办者）。这在一定程度上与这些展览市场化程度，以及主办者的行为思维模式有关，这导致部分非优势项目也由展览的承办者来负责推动，最终收获的效果并不理想。综合性展览应对自身实力、优劣势有一个充分的认识，对于部分领域可尝试采取合作的方式来推动，而非将所有项目都揽在自己身上，避免导致尾大不掉、反应速度迟缓的缺憾。

第三章 立 项

展览的立项策划就是根据掌握的各种信息，对即将举办展览的有关事宜进行初步规划，设计出展览会的基本框架。无论是哪一类型、哪一级别和层面，无论是市场自发还是政府主导的展览，都应追求经济上的良性循环，才能实现长远发展。因此，尊重市场规律，客观分析立项，科学办展是任何大型展览成功的关键，而科学立项则是当中首要的基础性工作。

第一节 展览题材的选择

选择展览题材是展览立项过程中一项十分重要的工作。展览题材是指一个展览展出的展品范围。大多数情况下，展览是市场的产物，它的题材选择是一个市场经济条件下的项目决策过程，需要按照"投资—收益分析"进行比较选题。

一、信息收集

选择展览题材首先需要收集产业、市场和其他相关信息，进行分析，找到合适的题材切入。

（一）产业信息

产业方面的信息应重点了解产业政策和规划、产业的现状和发展趋势，主要选择国家和地方重点发展的产业及其支持的新兴产业策划展览。重点产业一般处于高速发展期或已发展得较成熟，市场规模较大，企业竞争激烈，举办展览预期规模较大、专业观众较多，有可能取得较好的收益；新兴产业发展前景较好，但由于刚刚起步，市场不大，企业数量有限，举办展览初期市场风险和失败的概率都较大，往往需要更多的资金支持和培育。

某一产业的产品销售方式是影响展览的重要因素，如销售渠道已较成熟、渠道较多或相对固定，展览招展就存在一定困难；不需要看样成交的资源性、大宗商品举办展览空间较小，比如煤炭、原油、粮食作物等不宜通过展览销售；产品的销售季节性较强，则举办展览的时间要与其尽量一致，比如纺织服装类展览往往集中在上半年的1—4月份和下半年的7—10月份举办。

上中下游相关产业的信息对办展十分有帮助，如展览的展区设置可向产业链的上下游延伸，扩大展览规模、增强展览专业性。中国广州国际家具博览会就是一个成功的典范，其展品范围不仅包括民用和办公家具，还涵盖了木工机械、家具配料、家居饰品等，全产业的发展状况均在展览得以体现。另外，下游的产品中间用户及最终用户是产业产品的使用者，可以邀请到会参观采购，增加专业观众的数量。

图3—1 中国广州国际家具博览会现场图

资料来源：http://www.ciff-gz.com/

（二）市场信息

市场信息首先包括市场规模和经销商情况，它会直接影响展览规模、参展商和专业观众数量；其次，需了解市场竞争强度，自由竞争市场的企业参展积极性较高，市场集中度高的产业，大企业的参展对小企业带动性很强；再次，还需了解市场发展趋势，用于判断展览的发展前景。

（三）相关展览信息

相关展览的信息也很重要，以避免重复办展，造成资源的浪费，降低展览效果，甚至恶性竞争。办展前应充分了解国内外同题材展览的情况，合理定位，避免不良竞争。

二、展览题材的确立

完成信息收集，选择可进入的产业，即可为展览确立具体的题材。在选题上，不能急功近利只盯在钱上，而要善于培育、扶持并谋求长远利益。可采用以下几种办法：

一是，在信息收集阶段，关注是否存在市场缺口或空白未被填补，甚至未被发掘或创造，如果有，可以考虑切入。虽然有一定风险，但可减少竞争，抢占先机。

二是，在国内或地区外虽有同类题材展览，但本地尚未有或少有办展机构进入。举办此类展览也有一定风险，但可以借鉴其他展览办展经验，提高办展成功的可能性。

三是，在新的概念下统筹既有题材办展，产业、市场发展新形势，或是国家、地区出台新政策，往往带来发展契机，原有的几个小题材的展览可能影响力、效果都不突出，但策略性重组后，集中了资源，提升了形象。要注意的是，如题材合并不当则对展览效果起反作用。

第二节　展览市场分析

一、展览市场及要素

根据孙明贵主编的《会展经济学》对展览市场的定义（以下对展览需求及展览供给的定义亦参考此书），展览市场是指在展览产品交换过程中反映的各种经济行为和经济关系的总和。展览市场反映了需求者和供给者之间、需求者之间、供给者之间的关系，集中反映了展览产品实现过程中的各种经济关系和经济性。

展览市场系统中包括三大要素：一是展览交易主体，指展览需求主体和展览供给主体；二是展览交易客体，指展览产品和服务；三是展览交易法规及其监管者、市场的管理者。下面将主要围绕展览需求主体和展览供给主体进行分析。

二、展览需求分析

（一）展览需求定义

展览需求是人们对展览产品或服务的需求。

展览需求的主体具有二重性，包括参展商和观众。这里主要研究参展商的需求。参展商是指签订参展合同，履行合同义务，拥有展台使用权，展示产品、技术和服务的组织。参展商与会的目的是开拓市场、寻求合作者、推介新产品、树立企业形象、收集市场信息等。参展商对会展产品既有购买欲望又有支付能力则形成现实的会展需求，如仅有支付能力但购买欲望不强烈则是可待开发的潜在会展需求。

（二）影响展览需求的因素

影响展览需求的因素包括宏观因素和微观因素。

1. 影响展览需求的宏观因素指经济因素、社会文化因素、政治法律因素、人口因素、地理因素、技术因素等。

经济发展水平快，会展需求水平相应较高，而经济萧条，会展需求有可能下降。在经济不景气时如有政府参与办展，则展商可能提高对展览的信任程度。

政治的稳定性和政府会展政策方针对办展有重要影响。政治稳定可激发会展需求，促使会展需求不断增加。政府对会展业积极扶持，会使会展业得到快速发展。

办展地点的选择非常重要。选择办展的城市应具有较强的市场辐射力、相应的配套设施和便利的交通，以增强对参会人员的吸引力；政府办展在举办地点的协调上占有一定优势。

会展与科技密不可分。科技手段的应用是展览提升展示效果、提供高效率和人性化服务的基础，可为参会人员留下美好的参展体验。

2. 影响展览需求的微观因素指展览产品和服务价格、替代品和互补品的价格、会展需求主体的购买力和偏好、会展主办企业的品牌影响力、会展资源丰富程度、会展服务商的组织管理能力等。

遵循一般商品的需求规律，会展产品价格越高，会展需求越小，反之亦然，但人们对品牌展览的价格并不敏感。相关联的是会展替代品和互补品的价格。会展的替代品包括电子商务、广告等其他营销方式，如会展产品价格过高，企业则可能转向寻找较低价格的替代品，会展需求减少。会展互补品如住宿、餐饮、交通等配套服务，互补品价格提高，则企业参展成本提高，会展需求也会减少。展览举办方应尽量与政府部门协商合理调控或由政府部门出资补贴展览配套服务的价格，达到扩大需求的目的。如德国汉诺威国际消费电子、信息及通信博览会（CeBIT）举办期间，萨克森州政府、汉诺威市政府和汉诺威展览公司共同向该地区公共交通公司出资，换取观众免费使用公共交通服务。

会展需求主体的购买力和偏好直接决定了会展需求，在具有充足购买力的情况下，需求主体还会评估人力、财力、时间的付出是否获得了足够的客户信息、订单、宣传效果，如收益大于各项成本支出，则展览需求增强。

会展资源的丰富程度和会展需求呈正向关系，一般条件下，大型综合展览本身具有多样的展览题材，可以吸引更多的参加者。

会展服务商提供的展位搭装、展品运输等服务被看成是展览的有机组成部分，各种配套服务通过市场有效配置，可保证与会人员不因服务不周而放弃参展。

（三）展览需求现状分析

展览需求的现状决定了可举办展览规模的大小。对展览需求现状的分析可以从预测总市场潜量、细分市场潜量和竞争对手市场份额入手。

总市场潜量指在一定时期内，在既定外部环境条件下，产业内所有企业参加展览能达到的最大展览销售额。通常，估算总市场潜量的方法是潜在参展企业数量乘以每家企业平均购买的展位数量再乘以展位价格。潜在参展企业数量可以用各种常规的市场调查手段进行估算，甚至可以直接通过行业企业名录等获取，每家企业平均购买的展位数量可以通过对行业内其他展览调研、分析获得。在总市场潜量、潜在参展企业数量保持稳定的情况下，降低展位价格，理论上每家企业平均购买的展位数量会增加，展览规模将扩大，反之亦然。

细分市场潜量是总市场潜量细分成几个市场后的情况。按照一种或几种变量，如行业属性和地理因素变量，将有相似需求的消费者归类，就是对市场细分，形成几个子市场。对可进入的子市场进行市场潜量分析可以更加清晰的确定展览需求的现状。分析办法与总市场潜量相似。

竞争对手市场份额是竞争对手占有市场需求情况的体现，即使总市场潜量和细分市场潜量都较大，但竞争对手已获得了较大市场份额，则举办方可占有的市场是很小的，在强者恒强的展览行业，这种情况下应选择不进入该市场或进行错位竞争。

（四）展览需求发展趋势分析

展览的规划必须具有前瞻性，举办展览至少应对今后 5 年的需求状况进行分析。首先应对宏观经济预测，主要的指标是国内生产总值（GDP）。其次是对产业的预测，通过 GDP 指标与其他指标相结合，可以预测产业发展情况。再次是举办者对本展览将来能达到的销售额进行预测。

对展览未来销售额的预测可采用以下几种方式：

1. 专家意见法：可邀请国内经济学者、会展专家、政府有关人员、会展从业人员、产业从业人员组成专家组，开展讨论，得出对展览未来销售预期。

2. 参展企业意向调查：可以在行业展览上，直接对参展企业进行调查，询问今后参加行业同类展览意向，公司目前和未来在展览方面的预算等。在展览接触参展企业的成本不高，企业一般也有清晰的意向且愿意披露，因此此种调查的价值较大。

3. 过去销售额分析：可以以同类展览，或合并题材展览，过去的销售情况为基础进行销售预测。如将过去销售额的平均值与最近的销售额相结合，预测下一期的销售额，并对近期的销售额给予较高的权重。但由于展览之间还是存在较大差异性，因此对预测结果要进行必要的修正和调整。

案例一:

广交会展览需求预测与分析

1957 年广交会举办之初,即使是在完全计划经济的背景下,仍然考虑到了当时的实际展览需求,认为"国内货源紧张以及与上次展览会(中国出口商品展览会)相距时间较短,4 月份举办的交易会规模不宜太大"。随着国民经济发展和中国外交外贸关系有了新的进展,广交会展览需求不断扩大,展览面积也得到了扩容。20 世纪 80 年代后,伴随外贸体制改革,广交会又有了新的需求增长点,即成立了大批新的工贸、农贸、军贸、技贸公司和有外贸经营权的企业以及"三资"企业,广交会顺势进一步扩大规模,进入了全新发展时期。

如今,广交会采用科学的办法进行展览需求预测与分析,主要通过企业参展意向调查和对历届企业参展情况分析,研究展览需求的发展趋势。广交会结合自身特点,通过网络由企业申报广交会展位需求数量,作为研究展览需求的基础数据,虽然不排除存在个别数据的误差,但仍具有总体趋势分析的意义。我们观察到,政治、经济等宏观因素对广交会展览需求具有较大影响,近年,受国际贸易外部需求环境、国内外贸生产成本上升利润降低影响,参展企业开始寻求多元化转型途径,摆脱单一经营或依靠单一平台。其中 2008 年金融危机及实体经济衰退的交互影响下造成了需求的大波动,但同时,参展企业仍然相对重视广交会这一最经济、最有效的贸易平台,在外部环境不利的情况下,许多展览难以为继,广交会却仍较平稳发展,这得益于本展的品牌影响力。

三、展览供给分析

(一)展览供给定义

展览供给指在一定时期内以一定的价格向会展市场提供会展产品。展览供给以展览需求为前提条件。

展览供给的主体主要分为会展组织机构、场馆提供者和服务提供商。其中，会展组织机构包括展览公司、各类行业商协会、事业单位、政府部门等，他们以主办、承办或协办机构的形式或名义出现。场馆提供者指经营和管理场馆方，展览期间将场馆交由会展组织机构使用。服务提供商包括展览现场安保服务、保洁服务、设计搭装服务、物流服务、信息服务、媒体广告服务、交通旅游服务、酒店餐饮服务等各种会展配套服务的提供方。展览供给者往往会有一方承担多种角色的情况，如目前多地都有当地政府投资兴建的场馆，政府在此处举办展览，则其既是展览主办方，又是展馆提供方；部分展馆提供方也经常会配套提供展馆内的安保、保洁、搭装等服务。

（二）影响展览供给的因素

影响展览供给的因素包括会展产品价格因素、会展供给的成本、供给方的目的及对未来的预期、经济发展水平、政策法规、技术和人力资源等。如会展产品价格上涨则供给增加，价格下降则供给减少；举办展览需要场地租用、宣传推广、招商招展、办公等多项费用开支，在经济通胀、成本涨幅较大的情况下，会展供给要特别谨慎，以免入不敷出。大型综合性展览往往有政府某种程度的介入，出于扶持产业发展、推动地方经济的目的，可以争取到政府资金的支持，但同时应算好经济账，做好资金使用的监督工作；经济发展水平则决定了会展所在地的基础设施建设情况、会展业及相关行业的发展情况等，这些因素影响了会展配套服务的供给情况；先进的技术关系到会展供给的质量，高素质的专业人才是会展供给的保障条件。

（三）展览供给能力分析

1. 场馆

应根据所举办展览的特性和具体要求选择场馆，分析场馆是否能够成为本次展览的良好展示和交流场所，并方便提供相应的配套服务。如展览场地的大小与展览规模设计是否匹配，有些题材展览对展馆的承重、高度、电力负荷等技术指标有较高要求，比如机床展等；有的展览展品体积相对较大，但对展馆要求不高，则可以选择在户外展场展出，比如矿山机械展；有的展览展品较为贵重则对展馆的安保条件要求较高，最典型的就是珠宝展、钟表展等。又如对展馆配套服务的考量，抵达展馆是否便利，展馆是否配有大型停车场、提供足够的餐饮服务，展品卸装和展位搭建是否方便等。同时，还要考虑所选择的展馆是否有合适的档期、租用价格等。

图 3—2　中国数控机床展览会现场图　　　图 3—3　巴塞尔钟表珠宝展现场图

资料来源：http://www.ccmtshow.com/　　资料来源：http://style.sina.com.cn/z/
2012baselworld/#

2. 人力资源

展览是项庞大的系统工程，不但需要信息学、管理学、营销学、财务学等通用学科人才，而且需要熟悉展览题材所属行业的专业人才。而目前会展行业普遍缺乏富有经验的专业人才，大型综合性展览涉及行业多，尤其容易出现人才缺口。因此，在办展前首先要确保人力资源的配备，才能有效开展各项工作。

3. 资金

为了保证展览的顺利举办，资金投入必须及时。展览会资金回收周期比较短，完全市场化运作的展览公司通常都使用自有资金，较少对外融资。但有政府部门参与的大型综合展的情况会略有不同，由于展览项目常常还肩负一些展览本身以外的使命，展览项目常常可以通过政府渠道申请到专项资金。另一方面，与一些赞助机构进行商业合作，筹措资金的可能性也较大。但无论如何，展览会本身始终是一个商业项目，即使是有政府参与的大型综合性展览，最终应该实现收支平衡或有所盈余。

由于大型综合性展览通常并非纯商业运作，所以可以考虑在计算好展览现金流的情况下，分阶段投入资金，降低风险，这既能避免资金筹措不足对展览举办造成影响，又可防止初期存量资金过多造成闲置和浪费。

4. 展览服务配套

展览服务提供商是配合组织者办好展览的重要一方，他们直接面向参展商和观众提供服务，往往决定了一个展览的现场体验反应，唯有提供高效率、高质量的展览服务，才能为展览获得加分。展览服务的竞争越来越成为展览竞争的重要组成部分。展览举办前应与相关服务行业的信誉好、经验丰富、具一定规模的服务公司建立合作关系，确定展览各项配套服务及时到位，并做好现场管理工作。

5. 社会公共配套

展览对社会的发展具有强大的带动作用。反过来，社会公共设施配套的完善、成熟也决定了展览是否可以成功举办。展览需要举办地提供便捷的交通和现代化的通信设施、多层次的酒店和餐厅，需要满足展览需要的供电、供水、排污等设施。展览举办方应与相关单位积极协商，保证展览期间社会公共配套服务价格合理、优质高效。

案例二：

广交会展览供给分析

广交会是中国最大的综合性贸易展览。为配合展览的顺利举办，主办方、承办方、服务商、社会各界共同通力协作，建设了世界一流的展馆，配置了各方面的优秀人才，开源节流为展览发展提供资金保障，并不断优化展览服务和社会公共配套服务。

1. 场馆方面。广交会创办以来，为了满足展览日益发展、商品不断增加、与会展、客商越来越多的需要，曾先后四易会址，不断扩大场地、完善展览配套设施。

表 3—1　广交会场馆情况

场　馆	场　地　及　设　施	使用时间
中苏友好大厦	展览场地 9 610 平方米，办公室、接待室、洽谈室约 4 500 平方米	第 1—2 届
侨光路陈列馆	占地面积 3 600 平方米，建筑面积 1.45 万平方米，展馆使用面积 1.3 万平方米	第 3—5 届

续 表

场 馆	场地及设施	使用时间
起义路陈列馆、侨光路陈列馆、谊园	三馆总建筑面积 5.67 万平方米,展览、洽谈场地面积 4.95 万平方米。其中,侨光路陈列馆从 1963 年起再次使用,谊园从 1968 年起使用	第 6—34 届
流花路展馆、琶洲展馆	流花路展馆,展馆场地面积 13.17 万平方米,总建筑面积 16.6 万多平方米。琶洲展馆从 2003 年起使用	第 35—103 届
琶洲展馆	总建筑面积 110 万平方米,室内展厅总面积 33.8 万平方米,室外展场面积 4.36 万平方米。其中展馆 A 区室内展厅面积 13 万平方米,室外展场面积 3 万平方米;B 区室内展厅面积 12.8 万平方米,室外展场面积 1.36 万平方米;C 区室内展厅面积 8 万平方米	第 104 届至今

图 3—4 广交会琶洲展馆图

2. 人力资源方面。广交会成立之初即建立了较为完善的组织机构,安排了各方面的专业人才。为了办好广交会,后又专门设立中国对外贸易中心,作为大会常设机构,承办广交会。

一些大型综合展采取临时抽调人员的方式成立筹备组作为组织的核心机构,人员稳定性和积极性都相对较差,工作的专业性、连续性也难保障,长远规划更容易被忽略。这是国内大型综合展应当避免的一个误区。

3. 资金方面。广交会举办初期可获得政府经费补贴,外贸中心成立后,广交会各项费用均由其提供,实行"以会养会"。广交会是一个既能继续担负促进我国外贸发展功能，又能在经济效益上有良好回报的展览项目。

4. 展览配套服务方面。广交会的展览服务一直都在调整、改进、完善，目前成立了专门的客户服务中心，一体化负责所有展览现场服务，包括展位拆改、展具出租、水电安装、花木出租、电话业务、宽带接入等；建立了广交会客户联络中心，提供广交会全方位资讯，特别是开设 5 种语言的呼叫中心，可以 365 天 24 小时回答来自世界各地的咨询，这在全球展览会中均处领先水平。

广交会深入与展览服务提供商的合作，加强对相关单位的管理。如规范现场搬运工作，指定专门的搬运公司，提供统一的免费展品搬运；实行广交会特装布展施工资质认证，确保特装展位施工安全和质量；在展览贸易配套服务方面，引进了多家驻会商务单位，提供银行、保险、法律、海关、检验、认证、货运快递等商务服务；通过招标引进了多家不同类型的餐饮经营单位，在强化食品卫生管理的同时，丰富餐饮品种，适应广交会来自 200 多个国家采购商餐饮习惯多样化的特点。

5. 社会公共配套方面。广交会举办之初，广州市已有较好的承办大型展览的能力。20 世纪 80 年代以来，广州市宾馆的建设采取了多项措施和多种集资方式，使接待能力迅速提高，住房档次发生了质的飞跃。如今，广州市与北京、上海并别为中国三大会展城市，展览配套设施齐全，广州市政府已将琶洲地区规划为会展经济圈，为琶洲举办展览提供了良好的发展空间。广交会举办期间，大量人群涌入城市，为保证开展期间展、客商能享受到优质的商业、旅游、交通、餐饮、住宿服务，广州市政府及各相关部门，提供了人力、物力大力支持，制定了有效措施，其中酒店业还颁布了"限价令"。

四、客户分析

展览的客户在不同阶段可以有不同的范畴。本书中立项阶段的客户指展览的主要服务对象，即参展商和观众，他们是展览的生命线，展览举办前的参展商和观众分析对展览立项及接下来的招展、招商工作都具有积极意义。在展中和展后阶段，客户范畴扩大了，不仅包括参展商、观众，还包括展览服务商、展览组织合作方、政府和合作机构。此时主要从客户关系维护角度，侧重研究如何更好地满足客户的需求，以及与各方面保持良好合作关系。

（一）参展商

1. 参展商类型

不同参展商在自身性质、参展行为、参展目的等方面存在明显差异，可根据不同的标准分为不同的类型，客户分析阶段重点关注以下两种分类：

按参展商所属国别划分，分为国内参展商和国外（境外）参展商。

按参展商的实力及其在行业中的地位划分，分为规模庞大、实力雄厚的龙头企业，处于成长阶段、发展潜力强劲的企业，以及实力较差、规模较小的企业。

2. 参展目标

根据德国展览协会对参展商参展目标的划分，分为基本目标、产品目标、价格目标、宣传目标和销售目标。

基本目标：了解新市场，了解发展趋势，了解竞争情况，寻求合作机会，交流经验等；

宣传目标：增强公司形象，加强与媒体的关系，了解客户需求，接触新客户等；

产品目标：推出新产品，扩大产品系列，了解市场对产品系列的接受程度等；

销售目标：扩大销售网，寻找新客户等；

价格目标：测试新品定价，（按目前定价）将产品和服务推向市场；

每位参展商的参展目标不尽相同，如大型参展商更加注重宣传目标，希望在展览树立企业和品牌形象，增强对行业的影响力；中、小型参展商更加注重销售目标，希望寻找到合作伙伴、促成交易。

3. 参展决策的影响因素

参展商参展决策主要是对主办方、专业观众、同行参展商、举办地、外在因素等指标权衡、评估的过程。[①]

主办方的实力、信誉、专业性决定了展览是否可以成功举办。在信息不对等的情况下，特别对于新办展览，参展商只有相信主办方。政府办展在诚

---

① 参考百度文库，http://wenku.baidu.com/view/1eb6d0f7700abb68a982fbc5.html

信、组织能力方面具有优势，但在专业性方面有所欠缺。

专业观众是吸引参展商参展的重要因素，参展商的参展目标多是围绕专业观众展开。

同行参展商的参展情况体现了行业对展览的认可度，尤其是要有龙头企业参展，其他同行的参展也有利于参展商之间互相学习、交流。

举办地一方面是指举办地是否辐射到了企业的目标市场，另一方面指交通是否便捷、易于抵达。

外在因素包括举办时间、花费等。展览举办前应对潜在参展商进行调研，结合相关行业展的情况，了解展览适合举办的时间、频率，参展商可以接受的各方面的开销。

4. 邀请参展商

选择了进入的产业，应对产业内的企业做基本调查，比如哪些企业经常参加展览，重视展览营销的企业可成为重点培养的客户；哪些企业抵达展览举办地快捷，参会成本低的企业参展可能性更大。对重点企业做详细调查，重点企业对行业企业的参展有带动作用，对展览品质有提升作用，应重点了解。全面而详细的企业信息搜集是确定展览目标参展商的关键，是展览营销和招展邀请的前提。

案例三：

广交会参展商分析

广交会重要工作之一是建立和维护企业数据信息系统，跟踪参展动态，做好企业参会评估，合理调整参展商结构及提升参展企业质量。

1. 建立数据信息系统

广交会通过官方网站收集有参展需求的企业数据，虽然相当一部分是暂时未能参展的企业，但他们有可能成为展览未来的客户，因此保存和研究这方面的数据有着积极意义。收集的企业数据包括公司概况，如品牌、经营范围、企业规模、注册资本、成立年份、企业类型、企业简介等；参展信息，如参展展区、展位数量、历届参展情况；企业产品信息，以文字、图片、视频等多种形式记录；以及企业的基本联系信息等。

2. 跟踪参展动态

一是，统计每届广交会参展企业数量、结构、地区分布、更新率等。比如第 113 届广交会统计了各地参展企业数（见表 3—2），相关数据体现了当前广交会参展企业的结构与我国相关地区发展状况大体一致，广交会定位为中国进出口贸易第一展览平台，通过展览应反映中国市场整体情况，现有的企业构成也符合广交会的定位。新创立的大型综合展在办展前同样需作类似的研究，只不过研究的对象不像广交会是既有客户，而是可被开发的潜在客户。

表 3—2　第 113 届广交会各地方交易团参展企业数分级表

单位：个

交易团	参展企业数	交易团	参展企业数
浙江	1 000 以上	黑龙江	100～200
广东		南京	
江苏		山西	
宁波		武汉	
福建		内蒙古	
山东		吉林	
上海		云南	
深圳		新疆	
河北	500～1 000	济南	100 以下
杭州		陕西	
广州		甘肃	
安徽		成都	
青岛		贵州	
厦门		西安	
北京	200～500	沈阳	
河南		哈尔滨	
广东汕头		宁夏	
江西		海南	
广西		青海	
湖北		新疆建设兵团	
湖南		长春	
天津		西藏	
四川			
辽宁			
大连			
广东珠海			

二是，对广交会的大型、优质参展企业，即广交会品牌企业的参展情况进行跟踪。品牌企业是展览的重要客户，对于重要客户，应在招展阶段设立有吸引力的优惠参展条件，开展阶段提供VIP客户服务及做好客户感情联络，展后进行必要的回访表示重视并根据其意见改进相关工作。

3. 建立参展效果评估模型

调研、跟踪企业参展效果，具体包括了解企业参展目的和习惯，对参展效果评价，对行业前景研判，以及调查企业下届参展意愿等。

如，广交会企业主要参展目标为出口成交和结识新客户，广交会紧紧围绕该主要目标设计展览服务内容。同时，广交会还强化展览的信息交流、形象展示、推出新品等功能，进一步发掘企业在这些方面的参展需求，提高企业在展览的收益。根据参展商的参展目的设计展览产品是展览主办方在立项时的重要工作之一，可通过相关行业展览或直接对潜在客户进行问卷调查了解这方面的信息。

又如，调查企业参加展览数量，指企业参加除本展览外的其他展览的数量。展览立项阶段，调查潜在参展商参加展览的情况，可以分析出主要的竞争对手，结合企业参展预算，还可以预估企业是否还有能力参加本展览，或者作为制定本展览定价策略的考虑因素之一。

再如，调查企业的目标市场和合作伙伴对展览的招商工作具有指导意义。当然，此项调研很可能随着国际经济环境变化而会有较大差异，因此展览主办者需要保持跟踪，并根据调查结果及时做出相应调整。

（二）观众

观众可分为一般观众和专业观众，一般观众指基本为个人和家庭目的而参加展览的普通大众，专业观众指与会展主题有关、来自企事业单位、有一定经营目的的人员。一般观众可以增加展览人气、提高参展商广告效应等，但展览更加需要的是专业观众。观众前往展览的目的，包括购买产品、技术、服务，了解行业市场信息，发展和建立新的商业关系等。影响观众与会的因素如知名度及展品相关性、信息获取预期、历届展览会情况、技术预期、采购与寻求合作、举办地情况、宣传邀请力度、观展成本因素等。[①] 展览应建立目标观众数据库，在此基础上开展招商、宣传工作，这部分内容将在《现代会展之招商推广篇》重点介绍。

五、竞争分析

（一）竞争者界定

本书定义的竞争者是一个狭义的概念，也就是最直接的其他同类题材展览。一些对展览存在一定替代作用的其他贸易促进方式，比如电子商务平台、广告等，在这里不作为分析的对象。

展览竞争者包括与本展览同区域及周边，甚至更远城市的同题材或题材有重叠的展览。本展览与竞争者距离越近，彼此间的竞争越激烈，因此，首先要考虑的是本地区及周边的展览，其次是国内重点展览、品牌展览，最后是国际知名的同题材标杆展览。

不是所有的同题材展览都是本展览的竞争者，有许多只能称为竞争参与者，只有那些目标客户（包括参展商和采购商）与本展览有重叠的竞争参与者，才能称其为真正的竞争者。在分析竞争者的时候要有的放矢，没必要面面俱到而做无用功。

（二）竞争者基本情况

进行竞争者分析前，首先要调查竞争者的基本情况。要调查清楚竞争者的数量、规模、地理分布等总体情况，还要对重点竞争者进行详细调查，包括：展览组织者、举办时间、举办地点、展馆设施、办展频率、展品范围、展区划分、展览规模、展览定位、展位价格、参展商数量和结构、专业观众数量和结构、活动安排、招商招展模式、营销策略、发展规划、展览特色等。调查的方式多样，现场考察可获得一手资料，展览官方网站的信息最为详尽，展览组织方公布的年终报告、公开报表最真实可信，参展商和观众的反馈最为直接，新闻媒体的报道可看出社会各界对展览的评价等，调查时要把握全面性、及时性、真实性的原则，特别是要常常分析判

---

① 参考知网空间，http://cdmd.cnki.com.cn/Article/CDMD-10269-1012433209.htm

断、清理欠准确的信息。

（三）SWOT 分析法

SWOT 分析法主要用来确定企业自身的优势、劣势、机会和威胁，从而将公司的战略与公司内部资源、外部环境有机地结合起来。应用于此，是为较客观、准确地分析和研究一个展览现实情况和发展态势。SWOT 分析法既可用于竞争对手分析，也可用于展览发展策略研究。

S（Strengths，优势）是指展览自身的优势，具体包括：充足的资金来源；品牌形象；规模效益；市场占有率高；成本优势（如拥有自有展馆）；主办方实力强；地理位置优越；管理、服务水平高；人才优势等。

W（Weaknesses，劣势）是指展览自身的相对弱势，具体包括：规模较小；招展、招商渠道不畅通；展馆设施陈旧；管理混乱、经营不善；资金短缺；区位辐射力差等。

O（Opportunities，机会）是展览的外部有利因素，具体包括：经济、产业发展迅速；政策扶持；发掘新市场；竞争者较少或较弱等。

T（Threats，威胁）是展览的外部不利因素，具体包括：经济、产业衰退；行业政策变化；竞争激烈；替代产品增多（如电子商务发展迅猛）；突发事件等。

要注意的是，优势与劣势、机会与威胁是相对的，比如周边城市或地区展览共有的优势或劣势就不能算为某一展览的特有优势或劣势，另外，环境趋势是变化的，可能在一个阶段中表现出的是机会，在另一个阶段中却表现出是威胁。

案例四：

广交会竞争分析

广交会创办时，国内并无同类展览，它是当时我国发展对外贸易的唯一重要渠道和展示我国建设成就的窗口。随着改革开放的深入，越来越多的展览应运而生，广交会面对的竞争越来越激烈，尤其是来自专业展览的挑战。广交会目前尚无实力相当的全方位竞争者，对竞争者的研究主要按各展览板块拆开来寻找对应的竞争者，广交会对竞争者进行重点分析，对竞争参与者密切关注。

进行竞争分析前需首先收集资料，一是通过现场实地考察、电话访谈等形式获取展览信息和参展企业、采购商的第一手资料；二是通过印刷资料、媒体、互联网等渠道获得相关信息。收集完资料后，即可对竞争者按SWOT分析工具，综合研究其机会、威胁、优势、劣势四个方面的情况。

应注意，在对展览竞争者的研究中，双方之间有时并非只有单纯的竞争关系，还有可能存在着竞合关系，即错位发展竞争，形成某种默契共同发展进步，在正式或非正式的合作中谋求更好的共存方式。

六、发展趋势分析

展览的市场环境是不断变化的，对展览需求、展览供给、客户、竞争者等要素的分析既要基于现状，又要考虑中长期的发展趋势。市场要素的发展变化一方面遵循自身发展规律，另一方面受外部因素影响。

（一）市场要素发展规律

首先，产业的发展要经历引入期、成长期、成熟期和衰退期四个阶段，每个阶段的不同特点决定了展览需求的大小，使展览需求伴随产业发展呈现一定的规律性。引入期，市场处于起步阶段，企业数量少，参展需求小；成长期，市场稳定增长，企业数量激增，企业盈利状况较好，希望通过展览开拓渠道扩大影响，展览需求上升；成熟期，市场规模稳定，企业间竞争激烈，希望通过展览保住市场份额，展览需求较大；衰退期，市场容量收缩，企业数量递减，展览需求较小。

其次，展览业的发展规律在展览供给中发挥作用，纵观国内外会展业的发展规律，会展产业的经济实力和发展水平总是与该国综合实力、经济总体规模及发展水平相适应，中国展览业已进入快速发展时期，展览供给总体发展趋势利好。比如一些城市仍在兴建展馆或对原有展馆进行改建、扩建，展馆面积增加，展馆条件日益完善；各城市越来越重视展览业的发展，根据展览行业发展所需的环境和配套设施要求，对交通、通信、旅游、商检、海关等展览业务所涉部门进行协调；展览业分工更加专业化，会展配套服务公司的经营范围将进一步专业分工细化；未来会展从业人员大都接受正规的会展教育培训，整体素质会大大提高等。

再次，如前所述每个产业都有四个发展阶段，每个阶段的参展商的特点也不同，呈现出一定的规律性。引入期参展商数量少、企业和展品结构单一、参展经验少、参展投入也较少，成长期和成熟期参展商数量多、企业类型多样、展品丰富、专业性强、参展水平成熟、参展投入较高，衰退期参展商数量少、参展积极性差、参展投入少。

最后，竞争者有着必经的展览发展阶段，也呈现出了规律性。展览一般经过培育阶段、多方合作阶段和专业操作阶段，几个阶段也可能交叉进行。培育阶段需要人力、物力、财力全方位投入，注重对展览的宣传，增强影响力；多方合作阶段，与国内外举办同类会展项目的展览公司合作，或资源共享，或提供平台，与国内外媒体机构合作，与会展项目所在行业的知名团体或人士合作。这一合作方式主要功能是增加会展项目的内容，提高会展项目的档次等；专业操作阶段是会展项目运作的高级阶段，组织单位把运输、接待、食宿、旅游、搭建等外包给专业单位，自己只负责招展、招商等主要工作，以及主办、协办、媒体、支持等单位之间的协调、沟通工作。[①]

（二）外部因素发展趋势

影响市场要素的外部因素较多，如影响展览需求的宏观因素包括了经济因素、政治法律因素、地理因素等；微观因素则包括了展览替代品和互补品的价格、会展需求主体的购买力和偏好等。影响展览供给的因素包括：经济发展水平、政策法规、技术、人力资源、会展供给的成本因素等。我们应关注外部影响因素的发展趋势，分析市场要素相应可能发生变化的情况。

第三节　展览定位

展览定位应寻求买与卖的结合，并着眼于未满足而竞争对手较弱的市场。

---

① 参考中国会展网，http://www.expo-china.com/pages/news/200908/66126/index.shtml

一、竞争优势

展览的竞争优势是相对于同题材展览的比较优势。

确定竞争优势基于对展览需求、展览供给、客户、竞争者的综合分析。展览需求分析应着手于对细分市场需求的研究，寻找尚未发掘或未被充分发掘的目标子市场；展览供给方面，分析主办者的办展目标、可调动的资源和办展水平，资金能力，展览可提供的软、硬件服务，区位优势；客户方面，分析目标子市场的参展商、观众特点，评估招展、招商能力；竞争者方面，分析对手的市场定位，办展优势和劣势。经过一个完整的体系指标分析，可找出哪些是强项，哪些是弱项，然后选出适合本展览的优势项目，再对比竞争者准确地选择相对竞争优势。

二、错位发展

市场竞争有两种，一种是产品同质、比拼价格，另一种是开发特色产品、获得较高价值，显然展览竞争应选择后种方式，开发符合主办方办展目的且有能力提供的，满足目标市场特定需求，未有较强竞争者或与竞争者存在相对竞争优势的展览产品。比如，边境城市举办某类产品边境贸易展，即使内地有同类题材的其他展览，由于该展览在边境贸易这个细分目标市场占有优势，因此可以与其他展览错位发展。

三、展览产品定位

会展产品定位包括时间定位、地点定位、展品定位、规模定位、价格定位、功能定位、服务定位、特色定位等。

（一）时间定位

指展览举办的时间——开展期、筹撤展期和办展频率。展览时间应与竞争者错开；要选择目标市场的参展商可以接受的时间，如考虑是否存在采购季节，企业办展预算何时审批、参展人员何时休假等。

（二）地点定位

会展举办地应选择在区位辐射力强、交通便利、公共配套服务优良的城市，目标客户方便抵达，成本较低，对国际展览还要考虑海关通关便利因素；选择的展馆要能提供优良设施和服务，要符合展览的定位，如高端展览对展馆的各方面条件都要求较高。

（三）展品定位

确定了展览题材就基本确定了展品范围，但是根据展览定位，还可选择在该题材下的展品的档次，目标市场偏好也决定了应重点展示的产品等。如中国义乌国际小商品博览会是基于当地小商品市场开发的展览，展示产品是日用消费类的小商品，有着明显的特色。

图3—5 中国义乌国际小商品博览会现场图
资料来源：http://www.yiwufair.com/

（四）规模定位

展览的规模大小要符合目标市场的实际需求，要考虑所属行业的特点、目标参展商和观众数量、场馆大小等。

（五）价格定位

展览价格包括展位价格（有时与服务、广告等提供打包价）和门票价格。定价是展览营销的重要内容。在展览举办初期，为了扩大展位规模、提高市场占有率，往往以较低的价格吸引客户，但对于定位为高品质的展览，可以选择较高的价位。

（六）功能定位

会展具有展示、交易、信息交流等多种功能，根据目标客户对展览功能的需求，结合本展览在一项或几项功能方面优势，特别是相对于竞争者的优势，可以定位本展览的主要功能。如德国莱比锡书展，其与德国第一大书展——法兰克福书展不同之处在于更加强调信息交流功能，即：专注于"阅

读"以及作家与读者面对面的交流，为此举办了"莱比锡朗读"文化节，"新
欧洲的莱比锡论坛"等。

图3—6　莱比锡书展现场图

资料来源：http：//www．leipziger-buchmesse．de

（七）服务定位

展览服务包括展览筹备和举办过程中为参展商和观众提供的各项服务，
全方位、高效率、高质量的展览服务是吸引客户的重要手段。应针对目标市
场研究展览可以以何种方式提供何种服务。

（八）特色定位

指基于本展览优势开发的、目标市场感兴趣的、人无我有的特色内容，
展览特色可以为客户带来额外的参展收获。如德国纽伦堡玩具展，以丰富多
彩的展览及城市活动著称，使与会者充分感受到"享受，在玩具展会城市"。

案例五：

广交会的定位

广交会产生于国内外特定经济政治条件下，举办初期的定位为：定期在
广州举办全国综合性的展销结合的贸易大会，这一定位目前基本没有改变。
广交会的展览产品定位紧紧围绕着展览总体定位。多年来，根据展览不断发
展的需要，以及与国际展览日益接轨，展览产品定位在不断完善。

1. 时间定位。广交会每年春、秋两届定期举办，从未间断。会期的确定
充分考虑了商品销售、仓储、资金周转情况，世界各地气候，民族节日习惯

等。广交会创办初始阶段会期为一个半月，随着改革开放的深入，新的对外贸易渠道不断拓展，在这种形势下，缩短了展期。现在，广交会分三期举办，每期展示不同的展览题材，是出于以时间换空间的考虑，使广交会既形成专业板块，又达到空前规模，而每期五天也符合国际惯例，大大提高了参展效率，降低了企业参展成本。

2. 地点定位。广交会诞生在广州，并长期定点在此举办，这与广州特定的地缘因素分不开。广州是广东省省会，华南地区最大的经济中心和全国最重要的通商口岸之一，它毗邻香港、澳门，交通方便，华侨众多，对外联系密切，交往频繁。我国对外开放首先是港澳、东南亚和中东地区，继而扩展到世界各地区。选择广州正是看中了它的地缘和人文关系的优势。广东省和广州市一直是中国改革开放的前沿，经济建设特别是外贸事业走在全国的前列，这种地缘优势至今仍存在。

3. 展品定位。广交会初期，在计划经济的条件下，交易会的展品主要是按照国家外贸计划组织供应的，但要求展品必须为出口商品，并能代表同类产品的先进水平。如今，广交会成立品牌区，设立 CF 设计大奖，引导企业提高创新能力和建设品牌，提供附加值更高的展品。

4. 规模定位。广交会一经产生就必然成为全国规模最大的外贸活动场所，并随着时代的发展而不断扩大。目前，广交会的展览规模仍是全国第一，今后有可能适度扩容，但在目前已经有较大体量的情况下会更加谨慎，将根据展览需求状况进行科学的研究。

5. 价格定位。广交会最初并非为盈利而设立，实行企业化管理后，展览洽谈场地才实行收租办法，各交易团的一切费用自理。从此，广交会的展位价格逐步与市场接轨，目前的价格定位也与广交会在我国和国际展览业中的地位一致。

6. 功能定位。广交会的成立是为了展示中国社会主义建设成就，及恢复发展与世界各国各地区通商贸易关系，因此，广交会承担着政策功能与发展外贸的功能。广交会是宣传我国对外政策的重要窗口，是全国最大的外事场所，促进了我国与世界各国的友好交往。广交会为我国外贸出口做出了重要贡献，广交会出口成交占我国一般贸易出口的比重曾一度高达 41.53%。随着改革开放的不断深入，我国企业出口渠道日益多样化，广交会年出口成交占我国一般贸易出口总额的比重不断下降。从另一方面来看，这也是广交会助力中国企业走向国际市场，学习国外的先进管理理念、新技术、新产品、流行趋势等的一个结果反映。在这个过程中，广交会作为中小企业的孵化器，使一大批企业成长为我国外贸战线的生力军。

7. 服务定位。由于广交会的特殊地位，广交会早期对内外宾的服务都是作为政治任务完成的，内外宾的接待在物资不足的情况下，动用了全广州的力量提供食、住、行、医疗及安全保卫。随着我国经济的发展，特别是服务业的发展，广交会的服务更加专业化、人性化。在2010年，专门成立了客户服务中心，将服务质量作为一项核心工作来抓。

8. 特色定位。广交会的特色主要体现在：集中展销全国各种主要出口商品；集中全国符合资格的外贸企业和管理机关的代表组成大会交易团和管理机构，并广泛邀请世界各地贸易人士集中到会洽谈贸易。这种商家云集、商品荟萃、展谈结合、看样成交的形式，使主客双方对交易对象、成交商品和贸易条件都有较充分的选择余地，达到节省时间、减少花费和提高成交效率的目的。

第四节　展览效益分析

由于会展行业的特殊性，展览效益可分为微观和宏观两个不同层面。展览微观效益是展览自身效益，反映会展企业在经营活动中的收入、成本关系，展览宏观效益是展览对整个社会所产生的效益。

一、展览自身效益分析

办展机构按照国家现行财税制度、现行价格和有关法规等，分析测算举办展览的费用支出和收益，决定展览项目从财务分析的角度是否可行。

（一）收入—成本分析

衡量展览的自身效益需对展览的全部成本和全部收入进行预测。

展览成本：展览场地费用，指租用展览场馆费用或自有场馆的展馆折旧费及使用场馆产生的水电、空调、搭建等费用；展览宣传推广费，包括广告宣传费、资料印刷费和邮寄费、宣传推广活动费用等；招展和招商的费用；展览活动费用，包括开幕式、接待酒会、研讨会费用等；办公费用和人员费用；其他不可预测的费用。

展览收入：展位费收入，包括展位及展具收入；门票收入，包括展览、研讨会等的门票收入；广告、赞助收入；政府资金收入；其他相关收入。

展览收入减去成本和税费的剩余就是净利润。

应注意，影响展览收入和展览成本有几个重要变量，包括展览规模、参展商数量、观众数量，只有对这几个变量正确估算，展览成本和收入预测才会正确。

（二）盈亏平衡分析

在进行展览项目的收入—成本预测时，可以找到展览的盈亏平衡点。盈亏平衡指举办展览所得到的收入恰好能弥补其所支出的成本费用，也就是总收入正好等于总成本。需要关注两个指标：盈亏平衡规模和盈亏平衡价格，前者指能够使展览达到盈亏平衡的展览规模，后者指能够使展览达到盈亏平衡的展览价格。可以按以下公式计算：

$$\frac{\text{盈亏平衡价格}}{\text{（单位展位或单位展览面积）}} = \frac{\text{展览总成本}}{\text{展览总展位数或展览总面积}}$$

$$\frac{\text{盈亏平衡规模}}{\text{（标准展位数量或展览面积）}} = \frac{\text{展览总成本}}{\text{单位标准展位价格或单位展览面积价格}}$$

这样计算得到的盈亏平衡价格和盈亏平衡规模，就是展览不出现亏损的价格和规模，对评估展览项目是否可行及对改进办展方案有较大意义。

（三）现金流量分析

现金流量包括现金流入量、现金流出量和现金总量，展览的现金流入项目与收入项目大体相同，现金流出项目与成本项目大体一致。由于展览往往需要一段时间培育，培育期盈利水平有限，因此需对现金流量进行分析，判断展览是否资金充足、可持续举办，评价方法有动态法和静态法。

1. 动态法。动态法以资金成本为折现率，进行现金流量折现，若现金净流量（现金流入量与现金流出量相抵后的余额）大于 0 或现值指数大于 1，则说明该展览项目可以接受，反之该展览项目不可行。

2. 静态法。静态法投资项目的回收期即投资引起的现金流入累积到与投资额相等所需要的时间，若小于预计的回收期，则展览项目可行，否则不可行。

二、展览社会效益

举办展览对当地社会将产生很大的影响，举办展览既要考虑展览本身的效益，也要考虑社会效益，包括与经济活动直接相关的社会效益和与经济活动不直接相关的社会效益。

（一）与经济活动直接相关的社会效益

一是，会展业带来的经济收益，如展馆租金收入、广告赞助收入、会展服务收入、税收等；二是，会展业对相关产业的经济带动作用，如酒店业、餐饮业、交通运输业、商业、旅游业等，按国际上有关研究，此拉动系数为1∶9，美国会展业该系数值甚至达到1∶10。

（二）与经济活动不直接相关的社会效益

一是，会展可以提高城市的知名度，产生国际影响；二是，由于会展的需要，城市要进行基础设施建设、生态建设等，城市环境因此改善；三是，举办大型展览，可增强一个地区或城市的综合服务功能和服务意识；四是，会展提高了当地就业水平；五是，举办展览可促进国内外经济、文化、科技的交流，促进科技文化发展，提升居民综合素质等。

（三）两种社会效益之间的关系

会展项目的双重社会效益是不能分开的，他们相互促进，相辅相成。一方面，成功举办展览，获得与经济活动直接相关的社会效益，不仅使展览做大做强，并带动相关产业发展，为取得与经济活动不直接相关的社会效益提供经济基础；另一方面，与经济活动不直接相关的社会效益，可以很好地支持展览的可持续发展，从而取得更好地与经济活动直接相关的社会效益。

另外，我们不可忽视，举办展览会也需要一定的社会成本，比如相关部门和行业的投入，对生态环境造成一定程度的污染，应大力提倡绿色会展。绿色会展是指在进行会展活动时，遵循循环经济原则，采取保护环境与合理开发、利用各种会展资源相结合的方针，实现会展与环境的协调、持续发展。绿色会展是新的会展业发展趋势。

案例六：

广交会效益分析

1. 展览自身效益

广交会的举办出于政治经济发展的考虑，前期并未产生利润收益，主要通过费用分摊和依靠国家投入，成立外贸中心后，逐渐实现盈利。

广交会的收入主要包括展位收入和装搭配置收入、办证收入、其他场地收入等配套服务收入。

广交会的成本费用划分为固定成本和变动成本。固定成本为无论是否举办广交会均会发生的相关费用，主要包括日常管理费用、员工薪酬福利费用、展馆资产折旧及摊销费用等；变动成本是为承办广交会需发生的相关费用，主要包括搭建成本、广告宣传费用、临时用工劳务费、经营税金及附加、经营费用中的水电费、修理费、保洁绿化费等。成本费用分摊中，变动成本分为可直接认定和无法直接认定两部分，无法直接认定的按照展览实际使用面积进行分摊；固定成本按照展馆面积进行分摊，展馆空置期间的固定成本由广交会承担。

根据成本收入测算，计算出税前利润和利润率，单位（标准展位）成本和单位（标准展位）毛利。

2. 展览社会效益

广交会带来的社会效益是巨大的，主要体现在：

第一，带动了广州市经济的增长，促进了当地酒店、旅游、交通、餐饮、商贸乃至工业制造等行业的发展。近年来，每届广交会有近50万中外人士停留在广州，他们带来了各种商机。随着广交会的不断发展，广州市一度成为全国五星级酒店最多的城市。以第104届广交会为例，采购商、参展企业、参展个人、交易团及承办单位对广州市的直接经济效应为55.25亿元，间接经济效应为107.97亿元，合计为163.22亿元，假设与第105届经济效应相似。2008 年广州市国内生产总值（GDP）为 8 215.82 亿元，第 104 届广交会的直接与间接经济效应总和占广州市全年 GDP 的 1.98%，一年两届广交会则占全市全年 GDP 的 3.96%。

第二，借助广交会，广州及周边城市会展业迅速发展，广交会琶洲展馆建成时是当时世界第三大展馆、亚洲第一大展馆，展馆的建成使华南地区会展核心地位进一步巩固。广交会所在的琶洲地区成为广州的会展核心区，在琶洲周边核心区，围绕广交会展馆正逐步聚集了多功能的商业地产项目。

第三，广交会展馆是广州的城市重要地标，体现了城市未来的发展方向和前景。广交会的举办建立了城市形象和为城市带来更多的发展动力。

第四，广交会推动了当地扩大就业。

需要注意的是，并不是所有展览都能带来与广交会相似的社会效益，政府参与办展不应想当然地以广交会为参照物，简单推算自身举办展览可能产生的外部经济效应。正如在本书第一章中指出的，参展企业和采购商通过参加展览会降低的交易成本，就是他们愿意为参展而付出的最大价格。这些价格的总和，就是展览业的收入来源——主办展览公司的营业收入，展览工程与各类媒体广告等展览配套服务的收入，以及酒店餐饮交通等社会配套服务的收入，均来自于此。如果展览本身为参展企业和采购商带来的降低交易成本效果不显著，该展览产生社会效应将会非常有限。这也是为什么通常贸易展比消费展的带动效应更显著的原因——B2B 涉及的交易金额远非普通营销推广活动可比。

另外，在分析社会效益时，政府参与办展容易把绝对数量当作增量来估算。较为典型的是当地有某一个特色产业，或者历史典故，政府往往希望举办一个"××节"类型的综合性展览，期望推动某产业或旅游项目的发展。如果举办该展览的效果只是把平时分散前来洽谈或参观的人员，变为集中在某个时间点前来，"社会效应"的新增收益是非常小的。正确的估算不能用集中的社会效益来计算，而仍应以全年的"新增收益"来计算。

第四章 制订办展计划

办展计划的制订与实施在展览组织中至关重要。办展计划是一个展览的蓝图，办展计划的实施是将这一蓝图逐步在现实中呈现，制订与实施的好坏和展览的成败密切相关，特别是招展和招商工作，因为展览就是要搭建一个参展企业和观众有效沟通交流的平台，参展企业和观众的质量和数量将直接决定着展览的发展前景，决定着展览的水平和档次。

办展计划的制订与实施是一项系统工程，必须立足于展览的战略和定位，用发展的眼光，多角度、全方位地对展览活动进行安排和部署，从而保证展览活动的顺利进行和展览目标的顺利实现。

本章介绍大型综合性展览办展计划的制订与实施，包括招展、招商、市场宣传和活动组织等。

第一节 招 展 工 作

招展（Exhibitor Promotion）是邀请可能成为参展企业的组织参加展览的过程，主要内容包括确定目标参展企业、确定招展渠道、制订招展宣传推广计划、确定展区及布局、安排企业位置等。

一、确定目标参展企业

招展工作的第一步就是确定目标参展企业。哪些企业可能参展？他们在哪里？需要组展单位在办展计划中明确，否则，组展单位的招展工作很可能事倍功半。

（一）确定目标参展企业的影响因素

展位销售成功的关键是有效地满足参展企业的需求，因此，就要从展览的题材、定位出发，确定展览可以满足哪些企业的需求。组展单位大致可以从以下几个方面锁定目标参展企业：

1. 展览的题材定位。每个展览都有自己的题材定位，即使相同题材的展览，也可能会主攻不同的细分市场。例如同为电子类展览，汉诺威国际信息与通信技术展（CeBIT）主要展示信息技术行业和商务领域解决方案，偏重于信息和通信产品，美国消费电子展（CES）偏重于消费电子产品，世界移动通信大会（MWC）偏重于手机等通信产品，台北国际电脑展（Computex）偏重于计算机产品，它们有着各自不同的目标参展企业群体。同时，目标参展企业不会永远不变。随着科技发展，每个行业的产品结构、企业分布都会发生变化，需要组展单位时刻把握行业发展脉搏，紧跟行业发展脚步。例如进入 21 世纪，智能化浪潮席卷全球，照明智能化成了行业趋势，一些专业的软件公司开始与照明公司合作，开发与照明产品配套的智能控制系统，照明题材展览的目标参展企业范围扩大，开始吸引一些软件开发公司参展。为此，不少展览均制定了详细的展品目录，明确展品范围，只接受目录内产品的合法注册企业申请参展，同时也为之后的展区划分、展品数量统计、展品宣传打下基础。

2. 展览的功能定位。不同展览的功能定位不同，有的展览是贸易展，突出交易功能；有的展览是形象展，以信息交流为主，突出展示新产品、新技术。而企业的参展目的也各不相同，德国展览委员会（AUMA）根据市场营销理论将企业的参展目的归纳为：基本目的、产品目的、价格目的、宣传目的和销售目的。处于卖方市场的企业，产品供不应求，在市场上居于强势地位，其参展更多的是宣传目的，意在通过展览开展公共关系活动，进行信息交流、展示企业形象、推出新产品等，更愿意选择一些形象展。处于买方市场的企业，产品供大于求，其参展多为销售目的，希望通过展览促进产品销售，倾向于参加贸易展。

3. 展览的地域定位。展览按照地域可以分为国际展览、国内展览，国内展览还可以进一步分为全国展览、区域展览和地方展览，参展企业可以相应分为国内企业、国外企业等，组展单位只有根据各自区域定位开展招展活动，招揽参展企业，才能做到名副其实，吸引观众参观。

4. 展览的发展阶段。展览创立初期，知名度不高，规模有限，需要重点邀请一些行业龙头企业参展，迅速提高展览的知名度，确保展览的档次和水平，同时吸引一批缺少市场销售渠道的新兴企业参展，达到在短期内扩大展览规模的目的。成长期的展览，需要稳住老企业，积极吸引新企业，实现利润最大化。成熟期的展览，规模增长缓慢，要以行业中坚企业为目标，确保行业地位。衰退期的展览，整体利润水平低，需要对展览进行调整创新，尽力挖掘新企业。

案例一：

广交会目标参展企业的确定

广交会是一个政府举办的以国际贸易为主的展览，广交会的目标参展企业随着中国外贸政策的变化而调整。广交会原名中国出口商品交易会，创办目的是为了打破一些西方国家封锁、禁运，寻找创外汇新途径，以解决进口建设急需物质的问题，定位在出口贸易。因此，只有大陆企业才能参展，当时我国对外贸易实行管制贸易制度，唯有少数几家国有专营外贸公司具有进出口经营权，广交会的目标参展企业也就局限在这些企业，展览题材也较窄。随着时代发展，改革开放的深化，广交会的展览题材更加丰富，我国进出口经营权逐步放开，广交会的目标市场不断扩大，具备进出口经营权的民营企业和外资企业逐渐成为广交会的目标参展企业。进入 21 世纪，顺应中国外贸政策由出口导向转向进出口贸易平衡，第 101 届起广交会更名为中国进出口商品交易会，定位开始由一个单向的出口贸易展转变为双向的出口与进口贸易展，目标参展企业范围进一步扩大，由境内企业向全球企业开放。第 115 届广交会可以分为出口和进口两个部分。

1. 出口部分

出口部分的展览题材有电子及家电、照明、车辆及配件、机械、五金工具、建材、化工产品、日用消费品、礼品、家居装饰品、纺织服装、鞋、办公、箱包及休闲用品、医药及医疗保健、食品等 15 大类，设置 50 个展区。

目标参展企业为在中国大陆的从事出口贸易的企业。目前广交会的参展企业多元，由单一的外贸公司参展，发展到生产、外贸、工贸、科研院所等多种类型企业共同参展。第 115 届广交会出口部分展位 58 820 个，参展企业 24 042 家，其中生产企业 12 054 家，占 50.1%；外贸企业 9 461 家，占 39.4%；工贸企业 2 321 家，占 9.7%；科研院所 6 家，占 0.02%；其他企业 200 家，占 0.8%。

2. 进口部分

设立 1 个进口展区，展览题材有电子及家电、建材及五金、机械设备、工业原材料、食品及农产品、家居用品、纺织面料等 7 个类别。

目标参展企业为意在开拓中国大陆市场的境外企业。第 115 届广交会进口展区吸引了来自英国、德国、荷兰、印度、意大利、日本、韩国、马来西亚、巴基斯坦、俄罗斯、西班牙、土耳其、美国、越南，以及港澳台等 43 个国家和地区的 539 家境外企业参展。

（二）建立目标参展企业数据库

通过对影响因素的分析判断，结合展览的主题、细分市场和定位，组展单位明确目标参展企业的范围，下一步就是建立目标参展企业数据库，对其开展宣传招展工作。目标参展企业数据可以通过行业企业名录、商协会、政府部门、专业展览、专业媒体、专业网站、电话黄页等渠道进行收集。收集的内容包括企业名称、地址、联系方式、联系人、企业属性、企业类型、企业规模、企业资质、企业信誉、产值、主要产品、主要市场、目标市场等信息。

二、招展渠道的选择与策略

招展渠道是组展单位与企业之间的传递展览品牌价值、销售产品和服务的沟通途径与方法。

（一）招展渠道的类型

招展渠道可以分为自主招展和代理招展两类。

1. 自主招展

自主招展是组展单位不通过招展代理直接向企业推介并邀请参展的方式。自主招展减少了中间环节，组展单位直接面向市场，主要好处有：

（1）信息传递及时准确。通常中间环节越多，信息传递的时间越长，损耗越多，而组展单位与企业直接接触，信息沟通顺畅，互动性强，有助于组展单位增强对市场的认知和了解，充分了解企业需求，实时调整营销策略，为企业提供更好的服务。

（2）有助于打造展览的品牌形象。绕过中间环节，组展单位能准确地把展览的品牌形象和定位传递给企业，更重要的是通过接触，提供良好的服务，特别是个性化的服务，充分展示组展单位的团队能力，增强企业对展览品牌认可和信心。

（3）提高组展单位对展览的控制能力。与掌握多家企业资源的招展代理相比，单个企业相对弱势，组展单位拥有更多的话语权，可以根据展览定位和发展战略有针对性地开展招展工作，筛选企业，灵活调整展位价格、安排企业位置，严格把控组展进度。

自主招展要求组展单位自建销售团队，构建自己的通信和信息网络，成本高。特别是对于大型综合展，由于展览题材多，销售团队所需要的人员也较多，销售人员不仅需要具备良好的销售能力，还需要掌握一定的行业知识，了解一定的行业情况。同时要培养和挖掘销售人员的综合能力，达到一专多能，最大程度的发挥团队中每个人员的作用。

2. 代理招展

代理招展是指组展单位指定代理机构协助推介展览产品的方式。通过代理进行招展是展览拓展营销渠道的重要手段，有利于展览借助外部力量，增强招展能力，拓展营销网络，促进展位销售。按是否有独家代理权，招展代理可以分为独家代理与多家代理；按是否有权授予分代理权，可以分为总代理与分代理；按与组展单位的交易方式，可以分为佣金代理与买断代理。

（1）独家代理与多家代理。独家代理是指组展单位授予代理在某一地区或行业的独家招展权，其他任何机构不得在该地区或行业开展招展活动，具有很强的排他性。多家代理是指组展单位某一地区或行业同时给予多家代理招展权，这几家代理均可以在该地区或行业内进行招展，没有排他性。

（2）总代理与分代理。总代理是指该代理统一代理展览在某一地区或行业的招展事务，并有权在合同规定范围指定分代理。分代理有由组展单位直接指定的，也有由总代理选择并上报给组展单位批准，分代理受总代理的管理和指挥。

（3）佣金代理与买断代理。这是按代理是否承担展位买卖风险，以及其与组展单位的业务关系来划分的代理形式。佣金代理是指代理的招展收入主要是佣金收入，佣金代理按照组展单位限定的价格销售展位，组展单位根据销售展位的数量按照合同约定的比例返还佣金。买断代理与组展单位是一种完全的买断关系，买断代理与组展单位签订合同，代理一定数量的展位，无论能否完成合同约定的展位数量，代理都得按合同约定的展位数支付展位费给组展单位，同时，买断代理对招展价格拥有完全决定权，可以自行决定展位价格，其收入来自差价，而不是佣金，因此会出现市场上展位价格不统一的情况。比较而言，买断代理比佣金代理承担的风险更大，对其资金实力和销售能力都有更高的要求。

（二）招展渠道的选择

组展单位采用何种招展渠道，主要受市场、展览、代理商、技术等多方面因素影响。

1. 市场因素

（1）目标市场的规模。目标市场规模大，企业数量多，组展单位就可能选择代理招展；反之采用自主招展。

（2）目标市场的企业分布。目标市场企业分散，产业分布不集中，组展单位通过代理招展成本相对较低。而目标市场企业集中，自主招展的难度和成本降低，可以采用自主招展的形式。

2. 展览因素

（1）组展单位声誉。展览的组展单位声誉好，知名度高，采取自主招展，容易获取目标企业的信任，吸引企业参展。组展单位知名度低，就需要通过经验丰富、实力强的招展代理帮助拓展营销网络。

（2）组展单位实力。组展单位规模大、资金雄厚，有能力在目标市场开设分公司或办事处，可以采用自主招展。反之，组展单位实力较弱，对代理商的依赖程度高。

（3）展览及组展单位的发展战略。每家组展单位都有自己的市场发展战略，有的组展单位为开拓市场进行品牌移植，在目标市场举办同品牌展览；有的组展单位旗下拥有多个品牌展览，根据业务发展需求，发挥协同效应，因此，他们会选择在重点市场设立分公司或办事处，这些均大大提升了组展单位的自主招展能力。

3. 代理商因素

通常展览的代理商不仅代理一个展览，而是同时代理多个展览，如果展览题材相近，展览间就存在一定的市场竞争关系，代理商会根据成本收益情况相应地采取不同的营销手段，比如组织重要企业参加知名度高展览，安排一般企业参加新的、规模小的展览，或者将效果较好和效果欠佳的展览捆绑销售给企业，或者带着企业资源投向竞争对手，造成参展企业资源流失，这些都可能影响展览的规模和质量，影响展览的品牌和形象。另一方面，代理商代理多个存在相互竞争关系的展览，可能泄漏组展单位的发展方向，暴露战术意图和竞争手段。因此组展单位要慎重选择代理商。

4. 技术因素

随着信息技术的发展，世界变得更加扁平，组展单位与目标企业的信息沟通更加容易，不少展览建立了自己的官方网站，在社交媒体注册账号，开展网络营销；企业可以很容易地通过网络了解展览信息，申请参展，预订展览服务。同时信息沟通更加快捷，互动增强，网络信息传递基本是实时的，减少了等待时间，降低了通信成本，组展单位几乎可以第一时间对企业的问题和需求做出反应。因此，信息化建设完善、网络营销能力强的企业对代理商的依赖程度较低，反之，对代理商的依赖程度较高。

（三）大型综合性展览的招展渠道选择

大型综合性展览的规模大，展览题材多，目标参展企业分布广，完全自主招展，对组展单位的管理能力要求高，要求组展单位对每个题材都有专业的认识和了解，要求自建营销渠道，运营成本高。而完全依赖代理招展，组展单位对参展企业缺乏控制力，容易丧失展览自主权。因此，对大型综合性展览而言，组展单位通常选择同时采用这两种招展渠道，并根据展览所处的不同发展阶段有不同侧重。

1. 展览培育期。展览的影响力有限，组展单位的实力较弱，营销网络不发达，为了迅速扩大展览规模，提高展览知名度，不得不更多的依赖招展代理进行招展。

2. 展览成长期。潜在目标企业多，展览具有一定的市场知名度，组展单位的招展经验日渐丰富，可以将重点转移到自主招展上。自主招展不是"胡子眉毛一把抓"，而是要以重要企业为主要目标。不同企业对展览的贡献率是不同的，根据"二八定律"，80％的展览影响力来自20％的重要企业，其余20％的影响力则来自80％的普通企业，这些重要企业多是行业的领先企业，实力强、信誉好。首先，他们的参展具有极强的示范作用，通过他们参展，吸引其他企业参展；其次，他们一般在产品的研发和设计投入较大，产品创新性好、质量高，有利于提高展览的整体档次和水平；再次，他们的参展投入大，租用展位面积大，能给展览带来丰厚利润；最后，可以通过他们的营销网络宣传展览，吸引他们的客户到会参观，增加到会观众人数。因此，他们是这一阶段自主招展的主要对象。每个展览都有自己划分重要企业的方法，可以根据展览题材、区域，结合企业的实力和规模进行筛选。比如广交会的品牌企业就是重点企业，占广交会总展位数量的20％，51个展区中的48个展区拥有品牌企业，通过海关出口额、商标、专利、行业认证、行政奖惩等几个方面对申请企业进行评审，给予品牌企业展位数量和位置的优先安排。

3. 展览成熟期。展览发展到成熟期，市场相对饱和，参展企业群体稳定，展览规模增长放缓。而组展单位拥有一定规模的招展团队，招展经验丰富，服务能力强，话语权强，组展单位可以在成长期的基础上适当提高自主招展的比例，通过现场预订展位、网络等手段进行自主招展。例如中国国际五金展（CIHS）在开展期间会在每个展厅设立现场招展处，面向国内企业进行直接招展，企业现场支付预定款，可以享受展位费折扣以及优先挑选展位位置的优惠，而招展代理主要负责海外企业的组织。

4. 展览衰退期。处于衰退期的展览，市场萎缩，企业参展积极性不高，组展单位开始积极转型，寻找新题材，开拓新市场，对原有题材招展代理的依赖减少，对新题材的招展代理的依赖增加。比如拉斯维加斯国际服装展（MAGIC）是美洲最大的专业服装展，被公认为美洲服装市场的"风向标"，展出内容一直以服装为主，但近年纺织服装行业持续低迷，市场萎缩，该展开始逐步增加辅料、面料、家纺等展出内容，一方面与纽约面料展（IFFE）和美国印染展（PRINTSOURCE）合作，另一方面积极寻找新题材的招展代理。

（四）招展代理的寻找和确定

1. 寻找招展代理的途径

寻找招展代理的途径一般有商业渠道、代理商咨询、企业、广告、网络等。

（1）商业渠道。通过商业渠道寻找招展代理是指通过行业组织、政府机构、行业出版物、电话黄页、展览等征求招展代理。行业组织、政府机构拥有不少企业信息，可以提供具备相关代理资质的企业信息，并作为中间人与代理企业建立联系；行业出版物不仅会有相关企业的报道，还会刊登这类企业的广告和资讯，比如展览业杂志《中国展览》等；电话黄页按企业类型进行了分类，组展单位可以直接按中介代理类型查找并与意向企业建立联系；不少展览都由代理企业负责招展，可以通过展览直接与这些机构进行商谈。

（2）代理商咨询。好展览品牌价值高，展位供不应求，市场利润高，因此代理商也愿意代理这些展览，比如法兰克福消费品展在中国已经拥有多家代理，仍有不少代理自动找上门要求代理该展。

（3）企业。作为最终的销售对象，不少企业的参展经验丰富，在参展过程中，他们与不少招展代理接触、联系，他们了解并熟悉这些招展代理的实力和服务水平，组展单位可以对这些企业进行调研，通过他们推荐一些合适自身展览的招展代理。

（4）广告。在报纸、杂志、电视、网络、广播或户外广告栏打广告征求招展代理，广告内容包括展览介绍、联系方式等。广告方式联系面广，同时对方若来联系代理，则说明其已有合作意愿，组展单位有一定主动权。

（5）网络。随着科技发展，网络资讯越来越发达，可以在网络上查询到展览、行业组织、政府机构、代理商等多方信息，通过网络找到与自身展览相关题材的展览网站，在网站上查询展览的主办单位、承办单位、支持单位和招展代理等信息，可以从其中寻找一些合适的合作单位，为寻找招展代理牵线搭桥。

2. 招展代理的确定

招展代理有很多来源，包括行业协会、展览公司、专业报纸杂志、国际组织、行业知名企业、国外同类展览、政府部门等，选择招展代理时可以考虑以下因素：

（1）招展代理的信誉。包括银行及行业组织评级、行政奖罚状况、同行业评价等。信誉是企业的无形资产，口碑良好的招展代理容易获取企业信任，吸引企业参展，并打响展览的品牌形象。

（2）招展代理的规模。包括从业人数、专职招展人数、销售额、资产总额等。

（3）招展代理的经营项目。擅长的行业领域和业务范围。

（4）招展代理的招展网络。包括招展代理所在地区、营销网络的分布和市场覆盖等。

（5）招展代理的业务拓展能力。包括展位销售、市场宣传、了解客户需求、维护客户关系等能力。

（6）招展代理的财务状况。包括注册资本、运营资本、营业额、利润等。一般来说，具有良好财务状况的招展代理不急功近利，更愿意寻求与组展单位建立长期稳定的合作关系，诚实守信，付款及时，可以保持展览运营良好。

（7）招展代理的政治、社会影响力。为本地区和国家的经济发展，不少地方和国家的政府对企业参展有一定的补贴措施，政治和社会影响力大的招展代理更有可能帮助企业获得补贴，降低企业的参展成本，这样可以吸引更多企业参展。

3. 代理方式的选择

确定招展代理之后，要选择合理的代理方式。根据是否具有独家代理权，可以分为独家代理和多家代理，根据代理的交易方式，可以分为佣金代理和买断代理。

（1）独家代理与多家代理的选择

独家代理是给予一家招展代理某一行业或地区的独立代理资格，其他代理不得再涉及该行业或地区。多家代理是将同一个行业或地区的代理权授予多个代理公司，他们在限定行业和地区共同招展。方式的选择可以考虑以下几个因素：

一是展览发展阶段。展览在不同的生命周期，组展单位应采用不同的代理方式。处于投入期与成长期的展览，由于有企业要求招展代理能对参展企业提供参展服务，因此，招展代理必然会要求在某一市场区域拥有独家代理权。当展览处于成熟期或衰退期时，展览发展进入正轨，具有一定的市场知名度，展览运作也更加规范。此时，组展单位便可以考虑适当增加招展代理的数量。

二是展览市场潜力。如果市场潜力较大，可以采用多家招展代理形式，多家招展，可以沟通做大、做深。如果市场潜力过小，就适合采用独家代理形式，避免出现多家代理沟通招展，僧多粥少的局面，避免恶性竞争，相互削价。

三是市场的差异程度。当招展市场的差异程度较大，如海外市场，欧洲和美洲的企业和产品不尽相同，不同国家和地区的市场情况通常存在较大差异，组展单位可进行市场细分，按照不同国家和地区授予各家招展代理独家代理权。

四是招展代理的能力。采取独家招展代理形式，要求招展代理的实力较强，拥有强大的招展能力、广泛的招展网络，了解和熟悉展览题材的行业情况。否则，组展单位就要考虑采用多家代理的方式。

（2）佣金代理与买断代理的选择

佣金代理是代理根据组展单位的统一展位价格进行招展，组展单位按照招展代理完成的招展数量，按约定比例返还代理佣金。买断代理是招展代理与组展单位签订买断合同，承包一定招展规模，可以自行制定价格或按照组展单位约定的价格区间销售展位，赚取销售差价。他们的选择可以考虑以下几个因素：

一是展览发展阶段。在投入期或成长期的展览，市场风险较高，组展单位急于吸引企业参展，打开市场，打响展览知名度，确立行业地位，采取佣金代理方式，可以鼓励招展单位多招展，并降低了他们招展风险。而进入成熟期的展览，特别是一些品牌展览，已经具有一定的展览规模和行业知名度，组展单位更倾向于采用买断代理。

二是招展代理的实力。买断代理方式要求招展代理具有较为雄厚的资本、稳定和规范的营销网络、良好的商誉，对招展代理要求高。

三是价格策略。组展单位如果十分重视统一价格策略，最好采用佣金代理方式，让招展代理按照统一的价格进行展位销售。

案例二：

广交会的招展渠道

广交会可以分为进口和出口两个部分，针对境内外企业，采用了不同的招展渠道。

1. 出口部分

作为一个大型的综合性展览，完全依靠自身招展是不可能的，广交会选择了代理招展的形式。而作为政府办展，广交会在某种程度上算是一种"准公共产品"，因此，广交会在招展渠道上采用"地方组团"的方式，由各省市商务主管部门和部分中央企业总公司担当招展代理的角色，组成各个交易团，负责审核和组织企业等多项职能，各类参展企业按其所在行政区域或系统参加交易团，并作为交易团成员参加广交会。这种招展渠道的优势明显。

（1）稳定可靠

广交会是政府办展，委托各省市商务主管部门和部分中央企业总公司招展，主办方商务部与他们是同一系统内的上下级，且各机构都有官方或半官方性质，可有效地保证招展渠道的稳定和可靠。

（2）信息充分

相比一般的展览公司，各省市商务主管部门和部分中央企业总公司对本地区、本行业企业的情况更熟悉，信息更充分。在参展商安排上，除了出口金额、注册商标、专利等硬性标准外，可综合考量申请企业的信誉、产品等，推荐一些本地区、本行业的龙头企业以及具有发展潜力的中小企业参展，有利于广交会整体展览水平的提高，保持广交会的发展活力。

（3）管理手段多样

由于各省市商务主管部门是官方机构，中央企业总公司与企业有股权等经济关联，如有参展商在展览期间，出现侵权、违规等行为，除失去参展资格外，各省市外贸主管部门和中央企业总公司可以在自己的业务范围对参展商进行追加处罚。因此，参展商的参展行为得到了很好的约束和规范，整个展览秩序得到了一定的保证。

2. 进口展区

进口展区面向境外参展商招展，纯商业化运作，在不同时期采取过两种不同的招展渠道模式。在设立的前三年（第101～106届）和目前，广交会均采用了"直接招展＋代理招展"两种渠道相结合的办法。而在中间的五年（第107～116届），广交会曾采取过总代理和买断代理的形式。通过招标，确定了福建荟源国际展览有限公司为全球总代理，全面负责进口展区的招展，在分代理的安排上，部分地区由广交会直接指定代理，如台湾地区，其他可以根据实际情况，由总代理提名经广交会审定后方可成为分代理。总代理买断了全部进口展区的展位，按合同规定金额交纳展位费，可在一定的价格范围内销售展位。

由于进口展区的特殊性，无论采取哪种渠道模式，承办方中国对外贸易中心一直掌控着参展企业的审核权，以确保参展企业、产品的来源与质量。

三、参展企业的选择

优质参展企业对展览发展起着推动作用，一是，优质企业参展提高了展览的质量和水平，增强了展览对观众的吸引力；二是，参展企业交纳的展位费是展览利润的最主要收入来源，优质参展企业能为企业带来丰厚的利润；三是优质参展企业对展览服务要求高，能够促进组展单位改进服务，提高管理水平。因此，组展单位要本着宁缺毋滥的原则，选择最适合的优质企业参展，以确保展览的质量和水平，提高市场竞争力。

对参展企业的选择，可以分成两个阶段，第一阶段制订企业的准入标准，审核申请企业资质；第二阶段评估企业的参展表现，奖励优秀企业，淘汰不合格企业。

（一）制订参展企业准入标准

参展企业的准入标准可以有许多考核变量。

1. 经营范围。包括企业经营的产品类别、品种及服务项目等。

2. 经营实绩。包括企业的年产值、销售额、进出口额等。

3. 企业规模。包括企业的员工人数、厂房数量等。

4. 行业认证。包括企业通过的质量管理体系、环境认证体系或者行业认证等。

5. 生产和研发能力。包括企业的产品质量和创新能力，获得的专利和版权情况，拥有原始设备生产（OEM）、原始设计制造（ODM）、原始品牌制造（OBM）的能力情况。

6. 信誉。包括国家机关、信用评级机构确定的企业信用等级，国家机关、行业协会授予荣誉称号，奖励和违规记录，同业评价等情况。

7. 品牌。包括企业注册的境内外商标数量，通过自有商标的销售额、出口额等。

8. 企业类型。企业可以分为生产企业、贸易公司、工贸企业、服务机构、科研院所、专业媒体等类型。

9. 企业所在区域。包括企业的注册地、品牌拥有者的注册地、主要生产制造地、研发部门所在地等。

组展单位对参展企业的选择不能一味地贪大求全，而要根据自身的定位和发展战略，从以上变量中选取合适的考核变量，并赋予不同的权重，建立自己的准入标准。

案例三：

广交会的参展企业准入标准

作为一个定位于出口贸易和看样成交的展览，广交会看重的是企业的一般贸易出口额，而不是销售额。同时作为政府办展，准公共产品，广交会要充分考虑国家政策，兼顾不同地区的发展。因此，广交会的准入标准主要从企业的经营范围、出口额、信誉和企业类型等方面对企业进行选择。

1. 企业的展品必须在广交会的《展品范围》内。

2. 要求企业具备外贸经营资格。企业依法取得法人营业执照和外贸经营者备案登记证明,并已办理进出口企业代码。

3. 企业出口额必须达到广交会统计口径下的最低标准。其中广交会统计口径下的出口额指中国海关统计的一般贸易和进料加工贸易扣除非看样成交产品出口额,并按企业的所属地区和类型设定了不同的最低标准,向中西部和东北地区倾斜,向生产企业倾斜。

4. 禁止违规企业和产品参展,确保广交会的展览质量和信誉。

在此基础上,广交会制订了要求更高的品牌展位评审标准,着重从企业和展品的质量进行评审,提高了出口额的最低标准,增加了行业自律、品牌建设、研发创新和自主知识产权、行业认证、境内外商标注册等标准,意在选择代表中国制造最高水平的企业。其中出口额作为企业实力的最直接的参考标准,被赋予了最大的权重。具体见表4—1。

表4—1 评选参考标准

评选标准	封顶分数
出口额	35
行业自律	3
品牌建设	2
研发创新和自主知识产权	30
行业认证	20
境内外商标注册	10

随着科技发展和社会进步,会产生不少新兴行业,而每个行业内也产生一些新企业,其中部分行业和企业的产品新颖、技术水平高,具有良好的市场发展潜力,他们参展能丰富展出内容,带来新鲜血液,促进广交会的长期健康发展。但在企业发展初期,他们普遍规模较小、实力较弱,不符合广交会的参展资质。因此,广交会出台相关规定,允许各个交易团安排一些不符合广交会参展资质的新兴企业参展,但这部分企业所占比例不得超过交易团企业总数的5%,以支持和鼓励他们参展。

(二)评估企业参展表现

符合展览的准入标准,只代表企业具备了一定的资质和能力,但对展览而言,企业的参展表现才是关键,它反映了企业对展览的重视程度,直接影响展览的质量和水平，影响展览对观众的吸引力。良好的参展表现可以促进展览的发展，反之，会给展览带来负面影响，阻碍展览的发展。企业的参展表现可以从以下几个方面进行评估。

1. 参展投入情况。在市场经济下，多数企业不会盲目地投入，而是有选择地理性参展，企业参展投入越大，表明它对展览越重视，对展览的忠诚度越高。对一个展览来说，一家愿意租用大的展位面积、装修投入大、持续参展的企业比一家租用展位面积小、装修投入小、参展不积极的企业更有价值。

2. 展位使用情况。一般来说，展览都不允许参展企业未经组展单位许可转租让展位给其他企业。如果一家参展企业私下转租让展位，一方面扰乱市场价格，甚至出现商业欺诈行为，严重影响展览形象。另一方面，造成现场企业名不副实，一旦观众与参展企业发生贸易纠纷，组展单位很难追究责任，让观众对组展单位的管理能力产生怀疑，对展览失去信心。因此，组展单位要对参展企业的展位使用情况进行严格检查，一经发现，坚决将违规转租让展位的企业清除出展览。

3. 展品情况。一是检查企业实际展品必须与申请时所列产品范围一致，避免出现展品跨展区摆放，影响展览的专业性，降低观众的采购效率。二是检查是否有假冒伪劣产品参展，特别是对商标、专利和知识产权的检查，这样有利于展览搭建一个诚信、健康和有序的交易平台，有利于营造良好的展览秩序，有利于鼓励企业推出新产品、展示新技术。三是检查展品的水平和档次，好的展品才能为展览吸引更多的观众，高质量的展品才能吸引高质量的观众。

4. 遵守展览管理情况。企业能否按时按规定完成布展、撤展，能否按时支付参展费用，能否遵守展览的规章制度，能否配合组展单位处理展览纠纷，能否配合展览宣传等。

以上评估要求组展单位事先制定相关的管理办法和实施细则对企业的参展行为进行规范，并以合同契约形式确定下来。组展单位还要成立相关机构对企业的行为表现做出评估，根据评估结果对参展企业优胜劣汰。例如，广交会为了杜绝展位违规转租让，制定了《展位使用管理规定》，并根据广交会是一个出口贸易展的定位，规定禁止连续参展两年仍无出口实绩的企业参展，还成立展位检查组负责对企业的展位使用情况进行检查。同时广交会还制定了《展品管理规定》、《涉嫌侵犯知识产权的投诉及处理办法》、《贸易纠纷防范与解决办法》、《广交会馆内宣传品管理规定》等，为评估企业的参展表现提供了依据。对参展表现好的企业，组展单位可以增加其展位面积、优先安排展位位置、给予展位费折扣等。对参展表现差的企业，组展单位可以适当减少展位面积，调整展位位置，甚至禁止其参展。

四、展区、展位布局与企业位置安排

展区、展位布局与企业位置安排是制订办展计划中的基础性工作。每位观众的时间、金钱和精力都是有限的，因此，一个展览的展期虽然有 3—7 天，但多数观众不会全期参观，统计数据显示他们在展览平均停留时间一般为 2 天左右。例如，2012 年杜塞尔多夫德鲁巴国际印刷展（Drupa）的观众平均停留时间为 3 天，法兰克福春季国际消费品展（Ambiente）为 2.2 天，法兰克福国际圣诞礼品展（Christmasworld）为 1.8 天，汉诺威国际信息与通信技术博览会（CeBIT）为 1.4 天，广交会的第一期、第二期均为 2.3 天、第三期为 1.6 天。如何在有限的时间让观众找到自己的目标企业和产品，让参展企业接触更多的观众，需要组展单位进行认真思考和规划。合理的展区、展位布局与企业位置安排，能方便观众参观和采购，提高与会效率，增强展览效果。

（一）展区布局安排

展区（Exhibition Section）是指展览将同类别的企业集中安排在一起的区域。展区布局的安排包括两个步骤：展区划分和展区位置安排。

1. 展区划分

展区划分可以考虑以下一些因素：

（1）便利性。如何方便公众提高采购效率，方便参展企业的沟通与交流是展区划分的主要考虑因素。

划分展区常见的方法是展品和地区，即将展示同一行业或种类展品的企业安排在同一个展区，或按企业所属的国家或地区划分展区，将同一国家或地区的企业集中安排在一个展区。按地区划分展区存在两个问题：一是观众的经营范围有限，即便是综合采购商也不是什么产品都采购的，他们有自己的采购目的，需要在展览现场广泛收集资料，"货比三家"，对企业能力、产品质量和价格等因素进行充分评估后才能做出采购决定。按照地区划分，观众为采购一种产品不得不在整个展馆满世界地寻找，费时费力，采购效率低。反过来，由于观众把大量时间花在寻找目标产品上，没有足够的时间与企业进行沟通和交流，甚至因此错过不少合适的企业，也必然影响企业的参展效果。二是企业参展的重要目的之一是交流行业信息、发现行业趋势。按地区划分，同行业企业没有集中安排，不利于企业间进行沟通和交流。按展品划分展区有效地规避了上述两个问题，所以成为目前展览普遍采用的方法，特别是适用于展览题材多、面积大、企业数量多的大型综合性展览。按地区划分的方法仅适用于一些地区特色鲜明的展览，如旅游展、投资贸易展等，或是一些展览规模小的专业展。

此外，部分展览还采用展品与地区结合的划分方法，即在按展品划分展区外，单独设立一个展区，集中安排部分国家和地区的企业，这个展区被相应称为"××国家展区"、"××地区展区"或"国际展区"。采用这个方法的主要原因有：一是同一个国家和地区的各方面资源相近，因此产品的相似度较高，并具有自己鲜明的地区特色，设置按地区划分在某种程度上与按展品划分一样，是同类产品的集中，并且突出了地区特色；二是不少境外企业是通过国家和地区另设组团参展的，设置国家或地区馆方便统一装修，可以更好地展示国家和地区形象；三是不同国家和地区产品的定位和档次不同，如欧美日韩企业占据了电子产品的高端市场，而多数中国、印度等发展中国家产品尚处于中低端市场，按照地区划分，可以将不同产品定位和档次的企业分开，有利于观众根据自己需求准确寻找合适定位和档次的产品，有利于保护知识产权。

（2）稳定性。发展到一定阶段，有的展区可能拥有了自身相对独立的客户群体，具有了一定的展览面积，市场发展前景好，而受展览场地的限制，展览规模难以进一步扩张。为此，组展单位可能要对展览进行拆分，将一些具有良好发展前途的展区独立出来单独办展，推动展览的进一步发展。因此，在展览举办之初，组展单位宜适当考虑展区设置的稳定，注重在展览大品牌下，打造各展区的专业品牌，为长远发展做好准备。例如汉诺威工业博览会（Hannover Messe），作为一个工业类的综合展，旗下十几个展区各有不同的市场侧重，并拥有各自的品牌名称，1986 年汉诺威国际信息与通信技术展（CeBIT）和 2005 年汉诺威国际物流展（CeMAT）先后从该展中分拆出来，独立发展。

（3）发展性。市场并非一成不变，随着科技发展，会出现一些新市场，产生一些新产品。组展单位要紧跟市场发展，及时调整和设立展区。例如近年苹果公司快速发展，相继推出 iPod、iPhone、iPad 等产品，深受消费者欢迎，大大推动了移动互联市场的发展，不少企业相应推出苹果产品配件，如产品保护套、音响、充电器、打印机等。凭借着敏锐的市场嗅觉，环球资源电子展推出了苹果配件展区，受到了企业的欢迎。

2. 展区位置安排

（1）相关性。题材相关的展区应安排在相邻的位置，可以方便观众参观和采购。对于多楼层展馆，同一个展区应尽量避免跨楼层安排，因为观众通常更愿意在最方便到达或参展面积最大的楼层采购，跨楼层安排将影响其他楼层企业的参展效果。

（2）适应性。展区安排要与展馆条件相适应。不同展区的展品特性不同，对展厅条件要求也不同，例如机械类产品，体积庞大、重量重、用水用电多、运作噪音大，对展厅的层高、展厅入口的高度、地面承重、用水用电负荷、展品物流均有较高的要求，宜安排在低楼层、无柱的展厅，方便布展、撤展，并保持一定的空间独立，减少展品演示产生的噪音对其他展区企业的影响。

（二）展位布局安排

展位（Booth）是指参展企业在展览上用来展出产品和图片，进行展示活动的区域。

1. 展位类型

展位可以分为标准展位和特装展位。

（1）标准展位

标准展位（Standard Booth）是组展单位按统一样式和尺寸，采用统一材料搭建，提供的统一展览配置的展位。

一个国际标准展位为 9 平方米，尺寸为 3 米×3 米，展具配置一般包括三面围板、桌椅、照明、插座、垃圾篓等。不同展览，甚至同一个展览的不同展区的标准展具配置都有可能不同，例如广州国际建筑电气技术展的标准展具配置为三面围板（白色）、公司中英文名楣板（高 3.5 米）、1 个电源插座（500W 以内）、3 支射灯、1 张咨询台、2 张折椅、地毯、垃圾篓。广交会也为 51 个展区提供了数十种不同配置的标准展位。组展单位要根据展品特性，结合组展成本提供标准展位的配置。为了更好地展示企业形象，推进展位销售，目前不少展览开始推出 12 平方米、15 平方米的标准展位。同时，不少展览为进一步拉开档次，优化展位设计，提供更加多样的展具配置，给参展企业提供更多的展位选择，这类标准展位也被称为特级展位（Premium Booth）。例如香港电子产品展设置了 9 平方米和 15 平方米两种标准展位，此外还推出了 5 款的 9 平方米特级展位和 5 款 15 平方米的特级展位。

① W:2 400 * H:1 056
② W:2 906* H:316
③ W:362* H:1 434
④ W:362* H:2 354
⑤ W:200* H:500

图 4—1 广交会进口展区标准展位图

图4—2　广交会进口展区特级展位图

（2）特装展位

特装展位（Custom-built Booth）是组展单位为参展企业预留空地，并且不提供任何展具配置，由参展企业自行设计和装修的展位。一个个性十足、装修良好、设计巧妙的展位不仅可以很好地展示企业展品，体现企业实力和形象，而且容易吸引观众的目光，让企业脱颖而出，提升展览效果。因此，相当多的企业愿意租用特装展位，投入大量资金，委托有实力的施工单位进行设计装修。

图4—3　广交会美的集团展位

正由于特装展位具备上述的优点，而且一般只有足够的面积，特装展位才能充分体现展示效果。因此，与标准展位相比，特装展位的起租面积一般较高，并可推动展览的展位销售，例如广交会的特装展位的起租面积为 18 平方米，香港灯饰展为 27 平方米，香港电子产品展为 30 平方米，广州国际建筑电气技术展为 36 平方米。

2. 展位布局安排

（1）标准展位和特装展位分开安排。标准展位和特装展位交叉安排，一方面，展览现场较为凌乱，容易让观众感觉展览的档次不高，专业化水平不足；另一方面，特装展位由各家企业自行装修，布展、撤展进度不同，不容易统一把握，而标准展位由组展单位统一搭建，布展、撤展工作的可控性高，可以按照计划有序地开展。因此，展览可以划分标摊区和特装区，将标准展位和特装展位分开，各自集中安排。这样，可以将不同层次的企业划分开，保持展览的整齐有序，提高展览的形象，同时方便装修管理。

（2）特装展位安排在位置较好的区域。主通道、出入口处的人流通常较大，是展馆里位置较好的区域，安排一些面积大、装修好的特装展位，可以提高展览形象，也可以方便布展、撤展。

图 4—4　广交会小型机械展区

（3）特装展位尽量避免安排在高楼层展厅。特装展位自身装修材料多，对展馆的物流条件要求高，安排在低楼层，可以方便展材和展品的运输，提高布撤展效率，缩短布撤展时间，对组展单位而言，也可以减少展馆租用的时间和成本。

（4）保持展览通道的交通顺畅。根据企业的展位尺寸，合理设计展位的宽度和长度，避免展位的相互遮掩。设计的通道笔直、通畅。避免在柱子位设计通道，遮挡观众视线。

（5）注意展览服务设施。展位安排要避免遮挡消防栓、防火闸、电箱等服务设施，并为其预留足够的安全通道，确保事故发生时，这些服务设施能被正常使用。

（三）企业展位位置安排

展位位置的好坏将直接影响企业的参展效果。参展企业对自己展位位置都十分关注，企业展位位置好，人气旺，参展效果好，企业继续参展的意愿高；反之，可能降低企业的参展意愿。因此，展览的组展单位要从与企业建立长期客户关系的基础出发，公平地安排企业展位位置。通常有以下几种安排方法：

1. 先到先得法

先到先得法即根据参展企业提交报名表和交纳参展定金的时间先后顺序安排企业展位位置。这种方法是目前最常用的方法，如慕尼黑上海分析生化展（Analytica China）、中国国际食品和饮料展（SIAL China）均采用此方法，可以鼓励企业尽快报名，促进展位销售，加快组展进度。采用此方法时组展单位必须保证所有潜在的参展企业同时收到招展说明书，注明展位预订的确切日期，以示公平。

2. 打分法

打分法也是常用方法之一。这种方法通过设定一套评估标准给参展企业打分，这些评估标准包括企业的销售额或进出口额、企业规模、通过的行业认证、信誉情况、往届参展记录等。这种方法可以将参展企业进行分类，将质量好的、对展览贡献率高的企业安排在好的位置，评估标准对于新参展企业或小企业来说是不合理的。他们会发现在与老资格的参展企业的竞争中处于不利地位。对于组展单位而言也不一定有利，有时等待回头客光顾会导致剩余展位整体发售的延误。

3. 抽签法

抽签法是用抽签的方式决定展位位置的方法。这种方法也许是公正的，但是也会带来问题。比如一家大参展企业拿到一个较差的号码，被分到一个边角位置，那么它下次很可能就不会参展了。为解决这一问题，一些主办方采取分类抽签法，即按照申请展位面积、企业资质等对参展企业进行分类，同类企业再进行抽签排序。

4. 预订法

开展期间，参展企业可以根据下届展览的展位图选择展位。为使所有参展企业机会均等，这种方式一般在开展期间的某一特定时间进行，或者在整个展览开展期间按照先到先得法进行。但是该方法对于一些没有参加此次展览的企业略显不公，由于没有到达展览现场，他们在开展期间难以预订展位。不过，为了鼓励参展企业继续参展，扩大下届展览的规模，品牌展览大多采用预订法分配展位。例如中国国际五金展（CIHS）在每个展厅都设立了现场招展处，公布下届的展位图，企业可以根据图纸挑选展位位置，并将每个预订出去的位置用红点标示出来。随着红点的增加，好位置的减少，给了尚在考虑中的参展企业以巨大压迫感，纷纷现场下定。而旺盛的销售势头也向潜在参展企业表明展览紧俏程度，增加了他们对展览的认可，激发了他们的参展意愿。

5. 贡献法

不同企业对展览的贡献程度不同，对展览贡献大的企业优先安排展位。连续参展的企业对展览的忠诚度高，有助于展览保持稳定，有助于展览稳定的盈利水平。租用展位面积越大，展览获取的利润越高，这些企业对展览的贡献率也高。为此展览不仅会对这些企业给予展位费的优惠，还会优先考虑他们的展位位置的安排，以建立和巩固与高贡献率企业的长期合作关系。

组展单位一般不会只采取一种方法进行企业展位位置安排，而会同时采用上述多种方法。例如广交会的品牌企业就采取打分法和贡献法结合，建立了一套品牌企业评审标准，对品牌企业进行评分，按照展位面积、评审分数、主营产品的顺序安排品牌企业位置。香港电子产品展则根据新旧企业（老企业优先）、展台面积（面积大的企业优先）、展位类型（特装展位优先）、抽签安排的顺序安排企业位置。

无论展览的组展单位采用何种安排办法，建议在招展说明书中明确，让申请企业广泛知晓，使展位安排公开透明，可以消除企业的疑虑，避免不必要的纠纷。当然也有一些在市场上占据强势地位的品牌展览，组展单位不公布具体安排办法，选择自己把握位置安排的主动权，例如科隆家具展（Imm）在参展条款中明确，申请者无权要求得到某一特定展馆或展馆的特定区域的展位，完全由组展单位根据展品的归属安排企业位置。

第二节　招商工作

招商（Visitor Promotion）是邀请可能成为观众的个人或团体参加展览的活动。展览的招商和招展是互相影响、互相作用的。一方面，如果招商工作做得好，到会观众数量多、质量高，参展企业的展览效果就有保证，企业的参展目的就能得到满足，企业就乐意来参展。反之，到会观众数量少、质量不高，参展企业的展览效果差，参展积极性就会下降。另一方面，如果招展效果较好，参展企业数量多，企业知名度高，展品丰富且新，能够代表行业发展方向，预示行业发展趋势，观众到会就会更加踊跃。因此，招商工作与招展工作一样，是展览组织和策划的重要组成部分，观众是展览成功举办不可或缺的重要因素，拥有一定数量和质量的观众是一个展览成功的重要标志之一。面对日益竞争的市场环境，组展单位越来越重视招商工作的组织和策划。

一、招商对象

观众（Visitor）是展览展出期间参观展览的人群。

按专业程度划分，观众可以分为专业观众（Trade Visitor）和普通观众（Visitor），其中专业观众指展览期间，出于收集信息、采购洽谈、联络参展企业等专业或商业目的参加展览的观众。

按地域划分，观众可以分为境内观众（Domestic Visitor）和境外观众（Overseas Visitor），划分的标准是依据观众登记且有效的通信地址及身份证明。

按业务类型分，观众可以分为生产企业、贸易商、零售商、批发商、品牌商等。

组展单位要根据自己的展览定位，有针对性的邀请合适的观众，只有明确了自己的目标观众群体，展览才能有目的、有效地开展招商工作。例如广交会是一个以进出口贸易、现场成交为主的贸易展，因此广交会出口部分的目标观众为相应行业的境外专业观众，进口部分的目标观众为采购境外产品为目的的境内专业观众，而不对普通观众开放。

二、招商具体工作

招商工作包括推广调研、宣传推广、观众邀请、观众促销、新闻活动、推广管理等方面，具体可参见本系列丛书之《现代会展招商推广》，本书不再赘述。

第三节　配套贸易性服务

作为一个贸易平台，展览涉及人、财、物、信息等多方面资源的流动，参展企业和观众的需求不仅仅局限在展位上的双方交流，还表现在装修、广告、知识产权保护、物流、金融、商检、旅游等方面，因此，展览要提供相应的配套服务，以维护正常的展览秩序，提高客户满意度。

一、装修服务

该项服务对组展单位的现场管理能力是一个考验，特别是特装展位多的展览。为使展览整齐有序，确保特装展位安全，加强施工管理，确保布撤展工作顺利进行，组展单位要对特装展位制定一些系列的施工管理规定。

一是对装修服务采取准入制，要求具备一定设计装修资质的施工单位才能提供装修服务，例如广交会制定了《特装布展施工单位资质认证管理办法》，从经营范围、注册资本、特装经验、工厂场地、技术队伍、财务状况等6个方面对施工单位进行资质审核，通过资质审核方可在广交会上承接并开展特装装修业务；二是对特装展位的水电、高度、消防、悬挂物、承重、展示方式等做出规定，如果参展企业确有特殊要求，必须事先向组展单位提出申请并获得许可方可施工作业；三是要求施工单位交纳施工保证金，确保参展企业严格遵守展览现场管理，按时完成布撤展工作；四是要求施工单位购买相关责任保险，对人身伤害、财物损失、火灾等风险进行投保。

二、广告服务

如何在众多企业中脱颖而出，广告无疑是参展企业可以选择最合适和快捷的手段。相应，组展单位可以为参展企业提供许多广告宣传服务。

1. 展览宣传材料。包括宣传册（Brochure）、展前预览（Preview）、参展企业手册（Exhibitor's Manual）、新闻通讯（Newsletter）、采购指南（Buyers' Guide）、会刊（Catalogue）等多种纸质印刷品，随着技术的发展，宣传材料还包括官方网站、移动设备的应用程序、短信推送等。

2. 现场广告服务。包括各种类型的广告牌、楼梯广告、穿梭巴士的车体和月台广告等。

3. 赞助产品。例如会刊包装宣传袋、购物车、电子设备、办公文具、水杯、礼品等展览必需品，参展企业通过赞助形式在产品上印制企业名称和LOGO。

组展单位可以根据自己的人员、时间、费用等情况，选择自主经营，或委托专业的广告公司负责上述广告业务，通过网站、参展企业手册等宣传服务材料将自己所有的广告服务对外公布。

三、知识产权服务

加强展览的知识产权保护，维护正常的展览秩序，可以鼓励参展企业展示新产品、新技术，提高展览水平和档次，吸引更多的参展企业和观众，提升展览效果。

在展览的知识产权保护工作上，我国起步较晚，2006年，我国才出台了《展会知识产权保护办法》，但发展很快，此后不少地方政府结合本地实际情况陆续出台地方性的保护法规。为做好知识产权保护工作，组展单位要在国家和地区政府出台的办法基础上，制定本展览的知识产权保护办法，明确知识产权投诉处理的流程和细则，加强对参展企业和观众的宣传，妥善应对和处理知识产权的投诉。大型综合性展览涉及面广，行业多，特别需要加强对知识产权的保护，"隔行如隔山"，不少法律问题，需要专业人士的支持。作为"中国第一展"，广交会的知识产权保护工作走在国内各大展览的前列。广交会很早就制定了知识产权保护办法，如《参展展品管理规定》、《涉嫌侵犯知识产权的投诉及处理办法》和《涉嫌侵犯知识产权的投诉及处理办法实施细则》，并根据国家法律法规和实际工作情况进行不断完善。开展期间，广交会设立了专门的知识产权投诉接待站，负责知识产权问题的投诉及处理工作，并邀请知识产权的相关政府部门人员和专业律师驻会协助。

特别需要注意的是，展览的开展时间短，所以组展单位要在开展前让各方了解知识产权保护方面的各项管理规定和办法，提前准备各种证明材料，应对开展期间可能发生的知识产权问题。为此，一是组展单位可以在官方网站上公布各项知识产权管理办法，方便下载和查阅，并通过《参展企业手册》告知每家参展企业，让各方提前熟悉管理办法，了解投诉及处理流程；二是在条件许可的情况下，组织一些培训会，就知识产权保护方面的问题对企业参展人员进行培训。

四、其他服务

其他服务包括餐饮、住宿、物流、金融、商检、旅游等。

从提供的服务内容看，相比广告、知识产权保护服务，其他服务不是展览组展方的必须提供的服务。组展单位提供了这些服务不一定能提升各方对展览的满意度，反而，可能由于服务质量不好，引起各方投诉，导致对展览的满意度下降，因此，组展单位对提供的服务内容要充分考量，如果对提供的服务质量缺乏信心，就不必亲自提供这类相关服务。

从服务内容的提供商看，这些服务，特别是物流、金融、商检等服务相当专业，需要专业机构协助。所以，组展单位应该制定准入标准，筛选优质的展览服务商。对于规模较小的展览，每项服务内容的提供商可以是唯一的。对于规模大的展览，每项服务内容可以有 2 至 3 家提供商，避免给各方形成服务垄断的印象，同时营造一个几家提供商竞争的态势，促进提供商提高服务质量。

图 4—5　广交会配套服务区

第四节　贸易促进活动

除了产品销售、企业形象展示外，企业还希望通过展览开展行业交流，了解市场趋势等。为此，展览要组织相关活动，丰富展览功能，为企业提供更多的服务。大型综合性展览的规模和题材多，决定了这类展览的贸易促进活动的种类相对丰富，数量相对较多，需要展览组织者投入一定的人力、财力和物力资源。

一、贸易促进活动的种类

（一）会议（包括论坛）

会议是展览最常见的活动。主要类型有：

1. 行业研讨会。邀请一些专家、学者、行业领袖或政府官员，就展览相关题材的市场现状、行业发展趋势进行研讨，交流行业信息。

2. 企业或产品推介会。帮助企业推介自己，发布新产品，推介新技术。

3. 公开课。举办主题明确、有针对性的公开课，由一些专业人士就具体问题发表自己的见解，与大众分享经验。

图4—6 广交会"设计提升贸易"活动现场

(二) 贸易配对活动

参展企业和观众通过网站等形式提前登记自己的供给及需求，组展单位根据这些信息，在开展期间举办供需对接专场。

对于采购量大、信誉良好的优质采购商，组展单位可以为其举办采购说明会或设置专门的采购区域，实现供需的有效对接。如从第93届开始，广交会设立了"跨国公司采购服务"区，为沃尔玛、欧尚等大型跨国零售采购企业提供了个性化的定点采购服务，供应商可以到服务区与这些采购商直接洽谈。

图4—7 广交会跨国采购服务区

（三）竞赛

1. 产品评选。举办产品竞赛，需要事先确定评选规则和方式，确定评委，从产品的功能、设计、市场前景等几个方面进行评选，可以鼓励参展企业在展览上推出新产品、新设计，展示精品，有助于提高展览的水平和档次。

2. 营业者技能比赛。针对从业人员举办技能比赛，鼓励各参展企业派出技术能手，展示技能，分享经验，活跃现场气氛，提升人气。

（四）表演

1. 开幕式。开幕式有晚宴、文艺表演、现场开幕仪式等多种形式，主要在于利用新闻媒体对开幕式的宣传报道，为展览造势。

2. 客户联谊会。举办客户联谊会，加强组展单位、参展企业和观众之间的情感联系，也为参展企业和观众提供一个展览外的交流机会。联谊会上，组展单位可以组织一些答谢老客户、抽奖等活动，丰富联谊会气氛。

3. 表演活动。举办一些展示产品的表演活动，比如时装表演活动等。

二、贸易促进活动的注意事项

（一）必要性

贸易促进活动的效果和作用很难直接反映和衡量，组展单位不应盲目组织，必须明确活动举办目的是为了提升展览效果，是一种增值服务，举办的活动要紧贴展览主题，从参展企业和观众的角度出发，充分调研，了解他们的需求，要通过活动的举办吸引参展企业和观众，不要因为活动举办，喧宾夺主，影响了参展企业和观众的正常交流。目前不少展览都喜欢举办开幕式，邀请一些政府官员、知名人士出场，主角不是参展企业和观众，对参展企业和观众来说，这样的活动，并不能提升他们的展览效果，甚至由于部分高级别人员的出席，造成封路、交通管制等，给真正的展览参与者带来不便。

（二）经济性

举办贸易促进活动需要投入一定的人力、物力和财力，特别是不少活动虽然规模小，但涉及人员接待，需要牵扯不少的人力。因此，组展单位要算好一笔经济账，量力而行，不要因为活动的举办影响展览的收益，影响展览人力资源的调配和组织。

三、活动的组织及人员安排

展览促进活动的涉及面广，沟通环节和参与人员多，组展单位要做好活动组织以及人员安排工作。

1. 确定活动负责的部门和人员，对于大型综合性展览而言，活动一般比较多，宜成立专门的部门负责活动的组织和策划。

2. 明确活动的主题和形式，明确活动的对象和范围。为此，组展单位要充分开展市场调研，了解各方需求，有针对性地举办活动。

3. 明确活动的时间、地点和规模。地点和规模的选择可以结合展区划分和位置安排统筹考虑。

4. 确定活动组织单位，建立沟通协调机制。活动可以是组展单位自己举办，也可以是和其他单位合办，还可以委托专业的活动组织单位举办。不论是谁负责，首先需要明确活动的具体组织单位，包括主办单位、承办单位和支持单位等，明确各组织单位的职责，建立协调和协商机制，加强各组织单位之间的信息沟通。

5. 制订统一的接待安排计划。与企业参展和观众参观不同，活动的嘉宾是展览邀请的，活动组织单位需要全面负责他们的接待安排工作。

四、活动的时间安排

活动的时间安排要保持一定的节奏和频率，要与展览有机地衔接和结合。

（一）展前

展览开幕前一天，可以举办欢迎晚宴等活动，邀请一些重要人士出席，避开展览开幕期间的高峰人流，为展览提前预热，为展览宣传造势，比如广交会会在开幕前一天的晚上举办开幕招待会，对各方参加广交会表示欢迎。也可以举办行业研讨会，此时多数参展企业和观众都已经到达展览所在城市，开展期间参展企业和观众忙于现场交流，很难参加一些活动，提前一天举办，可以吸引更多的听众，帮助听众了解产业发展趋势、交流实践经验、提升经营视野、拓展人脉资源。如第 14 届 CBME 孕婴童展、CBME 童装展就举办了展前研讨会，就业内话题展开研讨或发表主题演讲。

（二）展中

一是，不宜在展览最后一天安排任何活动。通常展览最后一天，闭馆时间一般较前几天早，参展企业忙于撤展，观众数量也相比前几天少，因此，活动一般安排在开展前几天。二是，相近主题的活动不宜在同一时间举办。活动主题相近，感兴趣的听众群体也较为接近，如果两个活动同一时间举办，听众难以抉择，顾此失彼，人流分散，可能造成两个活动都冷场的局面。

五、常规性会议论坛的组织步骤

（一）确定论坛主题及主旨

论坛主题是论坛筹备举办的核心要素。主题的确定通常与当前的经济运行形势、企业亟须了解的资讯、对企业发展有上佳帮助意义的信息、新的经贸政策进度密切相关。以广交会为例，每届广交会的论坛通常是从地区市场信息、产品设计、品牌营销及潮流趋势四个角度切入进行开展。把握切入角度后，下一步就需确定论坛的展开主旨。第115届广交会第一期以"国际家电产品市场分析"为主题，针对全球家电发展趋势、大数据时代中国营销品牌的崛起，以及中国企业海外拓展中的转型之道分享经验，为演讲嘉宾选题、发挥框定了范围。

（二）联系论坛出席嘉宾

可以说，演讲嘉宾是论坛号召力的重要组成部分，名气较大或在对应专业领域有较出彩思想的通常会吸引更多的听众与会，因此选择及联系论坛出席嘉宾是论坛组织非常重要的一项内容。要物色到合适的演讲嘉宾，主要源于平日的积累，途径包括参加与论坛类型同类的展览、留意业界的相关信息及人物点评、网络搜索知名的公司或个人等，不一而足。如广交会产品设计与贸易促进中心这个项目的存在，使广交会的会议论坛在物色演讲嘉宾方面相对有较为充足的可选择的高质素资源，从而在一定程度上降低了联系嘉宾的难度。第115届设计论坛，邀请到演讲嘉宾或是全球闻名的流行趋势权威，或是既多次获得国际设计大奖，又成功经营设计公司的资深人士，均为在设计理念和设计范例上颇有创新心得的专家，在论坛未举行之前就获得较佳的声势。

（三）宣传推广及听众邀请

会议论坛的宣传推广同样是论坛的重要一环，其对论坛是否能达到预期目的和达到演讲嘉宾的聆听诉求有着重意义。例如广交会在会议论坛的推广分为会前和会中两大部分：会前是将当届即将举行的会议论坛资讯形成醒目、清晰的表格，以电子邮件的形式发送予各家参展企业，以便其提前获知并进行网上预约报名。收集到的反馈信息将分门别类地进行归总，并形成各场论坛对应的前置式听众联系表；会中则是在广交会开幕后进行，主要通过充分发挥各种馆内资源进行扩散，主要包括馆内信息指示牌、广播、手机短信和电子信息平台等告知。鉴于广交会会议论坛以公益性为主，收到通知的企业可因循通知信息直接到会场参会。

（四）会议会务

会议会务是会议论坛得以顺利开展的后勤保障，只有一个舒适、安静、便于演讲嘉宾发挥和听众接收信息的环境方能使论坛效果最大化。一般而言，会议会务主要包括演讲嘉宾接待、会场背景板及信息指示牌制作、讲台区域布置、签到台设置、灯光音响投影等设备配备、听众资料（包括会议简介资料、会议议程、演讲嘉宾演讲所需资料、部分宣传单张、调查意见收集表）、矿泉水及其他特别布置事项（如茶歇区域设置及茶歇服务商选定、会场临时增加座席）等。在实施过程中，通常针对不同的会务事项进行分工，并安排专人负责跟进，以保证会务的顺利推进。

（五）会议信息整理及总结

会议结束后，工作人员需掌握会议听众对会议主题、内容、主讲人、场地等方面的意见，对调研意见进行及时整理，并总结提炼出下一届需改进的方向。同时，需对与会听众的信息进行录入，从而形成会议听众信息库，以期在日后的宣传中能获得更为明确的信息到达率。

第五节　重大活动组织举办

与贸易促进活动不同，重大活动并不是一个展览不可或缺的组成部分，但它却往往是一个展览对外形象的重要构成部分。展览举办重大活动，通常具有某种纪念意义，或为提升展览本身的地位与影响力（包括业内影响力和社会公共影响力），或为迎接一些身份特殊的贵宾，又或是为在短时间内聚拢人气。但是，由于重大活动对展览本身的影响是间接的、宏观的，其效益相对较难定量评估，因此，作为理性的展览承办者，举办重大活动应坚持审慎节制、计划周全、严密控制的原则。

一、重大活动主要形式

重大活动指的是具有重要地位和意义的大型活动。重要地位和意义指的是活动的发起方以及活动本身承载的内容、出席人员具有较高的社会价值和社会地位；大型活动指的是具有规格层次高、需调动资源数量庞大、需耗费人力较大、筹备时间较长等特点的活动。对于大型综合性展览而言，重大活动通常包括以下几种：

（一）开幕式

对于举办周期较长的展览而言，开幕式是最常见，但作用最大的活动形式。一次良好的开幕式，可以有效地吸引与会客商、新闻媒体的注意力，主办者可抓住这一时机宣布重要的事项，或向外界传递当届的新鲜事项。个别展览的开幕式会伴有表演项目，这也是调动气氛，博得"头彩"不错的方式。

（二）开幕晚宴/酒会

相较于开幕式而言，参与者范围更窄的一个活动，适用于与会者中的高端人群参与。与会人群就餐只是一个形式，更重要的是他们可以借助宴会短暂聚首的契机，进行小范围的资讯交流，这较之展览期间的洽谈有着更为显著的效果和针对性。由于与会群体的特殊性，这些宴会通常意味着严格的准入规则（譬如需凭请柬入内），高规格的接待标准，以及高端的资讯发布。例如香港设计中心每年均会在香港设计营商周期间举行周年晚宴，宴会期间将会颁发一系列针对个人的荣誉奖项。

（三）高层/高峰论坛

不同于一般的展览论坛，高层论坛有着更高的与会嘉宾级别、论题层次、开展规模和场地布置要求。对于展览而言，高层论坛的成功举办通常能向外界释放展览在业内的权威地位信号，因此其成功举办与否有着极为重要的意义。

图 4—8　第 114 届广交会开幕招待会

（四）其他形式

部分展览的重大活动形式还包括重要嘉宾巡馆、合影等。

二、采用项目管理理论实施重大活动

（一）重大活动与项目管理

大型活动是一项有目的、有计划、有步骤地组织众多人参与的协调活动。一般意义上的大型活动均可被视作项目，因此可以使用项目管理的理论来进行策划和组织。

项目管理是指"在项目活动中运用专门的知识、技能、工具和方法，使项目能够实现或超过项目干系人的需要和期望——项目干系人是指参与项目和受项目活动影响的人，包括项目发起人、项目组、协助人员、顾客、使用者，甚至项目反对人。"

按照项目管理的方法，其包括五个过程组，即：

1. 项目启动

（1）在现有资源条件的限制下选择最佳的项目；

（2）认识项目的收益；

（3）准备项目许可所需的文件；

（4）委派项目经理。

2．项目计划

（1）确定工作要求；

（2）确定工作质量和数量；

（3）确定所需资源；

（4）制订活动时间计划；

（5）评估各种风险。

3．项目执行

（1）为获取项目团队成员谈判；

（2）指导和管理工作；

（3）同团队成员一起工作从而帮助他们获得提高。

4．项目控制

（1）跟踪进程；

（2）比较实际产出和计划产出；

（3）分析影响；

（4）做出调整。

5．项目收尾

（1）核实所有的工作任务得以完成；

（2）合同收尾；

（3）财务收尾；

（4）书面工作的管理收尾。①

（二）重大活动的实施环节

结合上述过程组，展览重大活动的一般实施环节如下：

1．项目启动。首先，要在能够调动的资源范围内确定活动的可举办形式和操作范围，划定方案制订及讨论的边界，以免在项目策划阶段耗费太多精

---

① ［美］哈罗德·科兹纳著．项目管理计划、进度和控制的系统方法．杨爱华，王丽珍，石一辰等，译．北京：电子工业出版社，2010

力和时间；其次，需要来自上层的政治确立，即以一种自上而下的方式，对即将要举办的重大活动予以确认，这种"正名"的行为，能为项目的推进打下坚实的基础，为辖下成员植入心理预期；第三，准备项目启动所需要的文件资料，并物色及确认项目领头人。好的项目领头人有着良好的项目管理经验和执行力，是项目成功与否的重要核心。

2. 项目计划。重大活动要顺利实施，良好、细致的计划是必不可少的。计划应该包含以下几个要素：实施机制、整体方案、职能划分、人员构成、实施细节、控制要素、应急预案、费用预算等。在这个过程，一个尽可能详尽的计划对下一阶段人员的配备极为重要，因此应尽可能在制订计划时就对整个项目进行解构和分块。

3. 项目执行。以上一个过程所制订的计划为基础，项目执行应把关注度放在两个方面：一是以已制订并通过的计划，在可调动的人力资源范围内组织项目团队，并按照相应的职能职责进行划分；二是建立及时、对等、友好的沟通协调机制。明晰权责，有利于活动的运作控制，减少互相推诿的"踢皮球"现象，也可避免出现问题后无法找到责任人的尴尬；而良好的沟通协调机制则可降低沟通时间和经济成本，更可为项目团队成员彼此间的关系培养和个人业务提升营造良好的环境。

4. 项目控制。项目控制主要是指对项目实施过程、效果的预判、监测和调整。保持定时、一定频率的监测，有助于项目的顺利按计划推进，也可避免偏离计划所带来的损失。良好的预判和监测，则有助于对项目实施中发生的突发情况进行及时的应对并进行自我调整。

5. 项目收尾。项目收尾是对整个项目完成程度的一次详细评估，不仅可以通过文书、合同、备案等途径进行逐项检查，更可在检查过程中实现对项目实施的总结和梳理，归纳出下次再行实施需要注意的事项，并针对不足提出修正优化意见，为日后工作做好准备。

三、重大活动举办须注意事项

（一）审慎节制

审慎节制指的是重大活动的策划需要紧密关注宏观经济及展览相关行业的

发展状态，认清需求，谨慎策划并有所节制，切忌有太高的频次或将规模办得过大。若太过，一是容易对展览的正常组织造成影响，"因噎废食"。二是容易对与会者和展览组织者造成极大的负担，导致身心疲倦不堪，影响到展览正常的运作。三是容易对展览本身造成很大的经济负担，拖累展览自身的发展。

（二）计划周全

指的是重大活动举办需有详尽、周全的计划，并须在事前对各个方面的情况考虑仔细，做好预案。预案应尽可能细化，并落实到具体部门甚至个人，尽可能将方案敲定工作前置，特别确保活动总体框架不会临时有过多的增加（可接受临时删减）。

此外特别要做好沟通协调工作，一是要有可靠、足够的人员团队，可通过临时项目组的形式组建班子；二是要做好不同环节之间的衔接联系。重大活动的举办需要大量人力配合协作，若缺乏沟通，将会对具体工作造成不可估量的影响。

（三）严密控制

指的是重大活动的具体实施过程中需要实施无缝监控，不留死角。无论前期策划如何漂亮，若最终实施出错，则会导致所有功夫付诸东流。值得关注的是，活动正式实施前，多次1∶1的彩排演练有助于发现部分单凭空想无法发现的问题，从而促进计划的更为完善。

第六节　展览客户关系管理

客户关系管理（Customer Relationship Management，简称 CRM）最早在美国发展。在 1980 年初便有所谓的"接触管理"（Contact Management），即专门收集客户与公司联系的所有信息；1985 年，巴巴拉·本德·杰克逊提出了关系营销的概念，使人们对市场营销理论的研究又迈上了一个新的台阶；到 1990 年则演变成包括电话服务中心支持资料分析的客户关怀（Customer care）。1999 年，Gartner Group Inc 公司提出了 CRM 概念，强调对供应链的整体管理。经过几十年的发展，当前，一些先进企业已经将经营管理的重点从以产品为中心向以客户为中心转移，客户联盟的概念也应运而生，即与客户建立共同获胜的关系，达到双赢的结果，而不是千方百计地从客户身上谋取自身的利益。客户关系管理特别是客户联盟等思想在会展行业更应获得推广与运用，因为展览所要赢取的正是一个可持续的、能使采购商、参展企业双赢的平台。一个贯穿于展前、展中、展后的客户关系管理体系必不可少，并要先从展前策划开始打下基础，明确展览客户对象，确定体系目标和各阶段的相应策略。

一、展览客户关系的重要性和必要性

首先，加强客户关系管理是会展业本身特点的需要。第一，会展业既是一种经济活动，也是一种社会公共事件，每届展览开幕，都会有许多企业参展和大量的观众聚集，展览主办单位瞬间面对的客户群体非常大；第二，参展企业构成复杂，采购商来源广泛，大家目标各自不同，所期望得到的参展效果和展览服务也不一样；第三，展览服务对象非常庞大，涉及面广，简单的基于参展本身的服务很难形成自己本身的展览特色，如主办单位不能了解客户的特点和需求，难以对客户提供个性化的服务，就难以维系对客户的整体掌控力，展览发展也会因此停滞。

其次，客户关系管理是适应会展业竞争日益激烈的需要。当前展览业面临着激烈的市场竞争，主要特点是行业集聚化，平台多元化。例如，一是中国会展业发展迅速，国内展览机构集团化、展览大型化趋势明显，2012 年已经有 88 个展览项目及单位通过了国际展览联盟（UFI）的认证，展览从数量增长向规模和品牌扩张转变，而随着国内外经济形势变化，国外展览公司纷纷进军国内市场；二是专业市场和电子商务的发展，多元化的平台，给了参展企业和采购商更多选择空间，对传统会展业的冲击不可小视，同时一些电子商务公司也开始利用自身客商资源，从虚拟世界中走出，介入会展业。环球资源从 2004 年在上海第一次办展，发展迅速，2013 年已在 7 个城市举办46 个展览，遍及亚、非、北美、南美四大洲。为在市场竞争中生存和获取优势，展览必须有效维护客户关系。

再次，客户关系管理是客户接触和服务日益复杂化的需要。展览的客户群体大而且复杂，面对众多需求各不相同的客户，展览与客户的接触及提供的服务日益复杂化，一方面，接触和沟通的方式越来越多，面对不同客户的不同渠道偏好，展览面临着细分沟通与接触渠道、降低接触与沟通成本的任务；另一方面，由于不同的渠道沟通的效果不同，展览还面临着如何优化渠道组合、最大限度地实现与客户沟通的问题。接触和服务的复杂化使办展单位必须创新客户管理办法，有效分享展览的客户信息与资源，准确地把握每一个客户的需求，为客户提供个性化服务。

二、展览的客户对象

要做好客户关系管理，首先要明确什么是客户，即关系的对象。对于展览来说，客户是一个复杂的群体体系，有广义和狭义之分，同时根据展览性质的不同，与展览进行阶段不同，客户类型也在不断变化。

从狭义的角度来说，展览的客户就是参展商和采购商（观众）。展览活动的终极目的就是搭建一个平台，供参展商和采购商（观众）通过参与这个平台而达到双方需要的目的、获得双赢。因此，参展商和采购商（观众）是贯穿整个展览筹备和举办始终的最核心客户群体，其整体数量和质量也是衡量一个展览核心竞争力的最重要指标。

从广义的角度来说，所有推动展览顺利运行和成功举办的各个利益相关方，以及有助于推动展览未来发展壮大的所有方面，都应成为该展览的客户关系维护对象。广义的客户，在展览的不同筹备阶段类型也不一样，立项与前期招展招商阶段，客户主要是潜在或已确定的参展商、采购商或观众，以及招展代理等；后期筹备阶段，各种服务商也成为要重点维护的客户群体之一，包括展览主场承建商、展品运输代理、商旅代理、邮政机构、法律服务机构、接待酒店、指定保安机构等。

三、展前客户关系管理

在招展工作阶段开展的客户关系管理，最重要的就是需求信息收集与客户服务，通过网络、呼叫中心等多种渠道与企业进行互动交流，积累客户数据，分析、了解他们的参展需求，改进和完善自己的展览产品和服务，吸引企业参展。具体有以下几种方式：

（一）网络

进入信息化时代，展览纷纷建立了自己的网站，在社交网络上注册账号，为企业提供申请、展览信息、服务预订等服务。作为展览组织者，可以通过网络接收企业申请，申请企业填写完善的企业信息，特别是企业资质和产品方面的信息，收集企业的市场信息，了解企业希望开拓的市场、了解的市场信息，分析这些信息，发现企业的需求，有针对性地邀请观众，组织会议、论坛等活动，尽可能地满足企业需求，提高企业满意度。同时，展览组织者也可以整理各方信息，定期发送展前通讯等信息，提供供求信息，增强各方对展览的认识和了解。

（二）呼叫中心

通过呼叫中心，提供宣传、咨询、回访等服务，不断宣传和推销展览，及时响应参展企业的需求，解决他们的问题，并通过大量的沟通，及时整理分析咨询、需求信息，不断改进服务。

（三）招展路演或实地拜访

与企业面对面的沟通交流，不仅促进展览宣传，展示自己的团队，而且可以直接了解企业需求。

展览是一个尤其适合数据库营销的行业，因此承办机构应该尽可能将收集到的客户信息量化，进行数据分析、挖掘，进而根据分析结果相应采取措施，提高客户满意度。在现今高度发达的技术条件下，可以有许多手段帮助我们完成这些任务。

第五章 展中管理

对于一般展览来说，展览举办期间（开幕到闭幕）组织者的工作比较简单，因为此时主角已经由展览的组织者变为展览的参与者——参展商与采购商。组织者不宜喧宾夺主，无为就是最大的有为，其工作是做好现场组织管理，解决客商参展过程中的服务问题。大型综合性展览规模较大、展览组织较为复杂，除了保障展览在商业上的顺利运行外，展览组织者还承担了其他一些方面的功能职责。

第一节 展览现场服务管理

展览业属于现代服务业。展览期间，以展览为媒介，在一定时期内聚集了大量的人流、物流、资金流和信息流，展览现场的服务管理是展览组织方的组织能力的重要衡量指标。广义的展览服务是指会展企业或是与展览相关的企业为展览活动的主办者、承办者、与会者提供的全方位服务，其中包括展览策划、展览筹备与组织、宣传推广、展位搭建、物流、安保、会议、保洁、餐饮等一系列服务。狭义的服务仅指上述广义的服务内容中，属于展览现场服务的部分，这对于确保展览顺利进行、增强客户参展体验和忠诚度，提升展览的美誉度和可持续发展都有着十分重要的意义。

做好展览现场服务，首先要在了解客户需求基础上，做好服务的规划与设计，建立合理和合适的展馆服务运营管理模式、组织架构、运作方式，有针对性地在各项服务领域进行精细化管理，并做好服务质量管理，建立高效的跟踪与反馈、评估与预测，以及风险防范机制。这些内容，在本系列丛书之《现代会展服务》中均有详细阐述，本章不再赘述。

第二节 客户关系维护

开展期间通常只有短短几天，各方集聚、万商云集。利用这个机会做好客户关系管理与维护工作，对展览的发展起到极为重要的作用。如果说展前的客户关系重点是收集客户需求信息，展中客户关系管理的重点就是维护客户关系，即充分满足客户的需求，巩固良好的客户关系，将老客户变成忠实客户，将潜在客户变成展览真正的客户。

一、展中客户关系的类型

客户生命周期是客户关系管理的组成部分之一，是指从企业与客户建立业务关系到完全终止关系的全过程，可分为考察期、形成期、稳定期和退化期等四个阶段。考察期是客户关系的孕育期，形成期是客户关系的快速发展阶段，稳定期是客户关系的成熟期和理想阶段，退化期是客户关系水平发生逆转的阶段。

在展览开幕期间，上述四个阶段的客户关系往往同时存在，即：很可能既有"只是来看看"又有"再也不来"，既有第一次又有多届参加的客户，等等。展中客户关系类型的集中性与多样性，给办展机构带来便利的同时，亦十分考验其"面面俱到"的能力。

二、展中客户关系管理与维护策略

展览期间是管理与维护客户关系的重要机会。客户关系的管理维护手段多样，最主要和最基本的策略有以下三点。

（一）客户获取策略

展览主办机构要获得客户支持，首先要获取客户，建立客户关系。关系是双方的、相互的，首先建立在相互了解、基本认识协调的基础上。一方面要寻找目标客户，另一方面要让客户了解自己，只有双方都认为可以从对方的交换中获取合理的利益时，这种合作关系才可能达成。因此，建立客户关系的首要原则是"公平合理、各取所需"。展览期间，主要可做以下工作：一是主动宣传，向目标客户主动宣传当届的情况、特点，以及下届展览的方案等，增加并深化目标客户的感性认识；二是提高展览效果和服务水平，通过影响现有参展对象来吸引目标客户。

（二）客户保留策略

要加深、巩固与现有客户的关系，就要不断寻求增进关系的方法，理解、满足甚至超越参展客户的期望，预见参展客户可能出现的问题，尽可能去协助解决。这就要求要对参展客户的需求变化充分把握，了解并满足客户的参展目的。

一是要追踪与满足客户的服务需求，取得客户长期信任。座谈会、调查表和电话访问等都是捕捉客户信息的常规方法。调研只是第一步，关键要倾听并付诸行动，在展览服务层面建立客户的归属感。

二是想方设法提升展览效果。前来参展的客户继续参展的动力一定是有利可图；政府举办的大型综合展如要继续获得政府各层面支持，也一定是因为展览效果达到预期，有继续举办的意义，因此提升展览效果是客户保留策略的核心。

（三）客户忠诚策略

客户忠诚既可以界定为一种行为，也可以界定为一种心态，一系列态度、心理、愿望等，是一个综合体。展览主办机构应主动以各种形式、各种手段去赢得客户忠诚：一是提供获利帮助或参展便利，如举办参展培训、从参展角度不断寻求改进展览效果的方法、在参展各个环节提供服务便利、为参展各方增加利润减少开支等；二是实施差异化服务策略，根据不同的客户条件，将客户划分为不同的等级，相应采取不同的服务策略，为重点客户提供优先服务，通过差异化服务强化核心客户的忠诚度；三是开展联谊工作，建立会员俱乐部等组织形式，举办联谊会，加强与忠诚客户的联系；四是实施促销激励，如价格折扣、免费或低成本促销产品、礼品或服务等，让客户获得参展回报。

展览的客户关系维护，要特别注重差异化。差异化不仅是对忠诚客户的尊重，更可形成一种激励机制，促进客户关系的良性循环。对于新客户和潜在客户，要积极采取客户获取策略，增加其多次与会的可能性；对于一般的已参展客户，要采取客户保留策略，不断加深、巩固客户关系；对于重要忠诚客户，要通过客户忠诚策略，让客户感受到充分的尊重、形成归属感，从而成为展览核心竞争力的保证。差异化的客户关系管理维护策略正是目前我国大型综合展要特别重视的，很多展览机构市场意识相对欠缺，在展览服务和客户关系维护中有"一刀切"的倾向，这对于重要忠诚客户的关系维护极为不利。广交会正是意识到这一点，才陆续推出了 VIP 采购商和参展商服务，使得整体展览服务更有层次感，更有成效。

案例：

广交会在客户关系维护中的具体实践

1. VIP 采购商服务和境外合作伙伴服务

广交会创立了"广交会境外贵宾俱乐部"，在广交会期间为尊崇的客商提供系列 VIP 服务。俱乐部会员根据其不同的与会记录，又分为"普通"和"高级"两个级别，享受相应的 VIP 服务。同时，为推进与广交会海外合作

图 5—1 广交会境外贵宾俱乐部

伙伴的实质性合作，进一步完善现场服务，广交会期间设立了"广交会合作伙伴服务中心"，为广交会海外合作伙伴提供工作场地，为与会客商提供咨询和采购协助。具体可参见本系列丛书之《现代会展招商推广》相关章节。

2. VIP 参展商服务

为提高广交会参展商的与会满意度和忠诚度，保持广交会与合作多年的展商之间长期良好的客户关系，外贸中心设立 VIP 参展商制度，从广交会参展商中筛选业内知名度高、参加广交会年限较长、租用展位面积较大、年出口或销售额高的优质企业成为广交会 VIP 参展商，主要在广交会品牌企业中选取，并根据每届实际情况调整 VIP 参展商名单。同时外贸中心还会通过举办联谊会等方式，加强与 VIP 企业的联系。

附件一：
广交会 VIP 参展商服务主要内容①

一、参展现场服务

（一）接纳 VIP 参展商直接推荐采购商成为 VIP 采购商

VIP 参展商可向广交会推荐知名采购商，经外贸中心国际联络部审核后列入外贸中心海外 VIP 采购商名录，享受 VIP 采购商待遇。

（二）提供信息交流及商业合作机会

➤ 及时获取广交会期间有关活动最新资讯、相关业内经济信息等；

➤ 免费享有在《VIP 参展商名录》刊登企业及产品信息的资格，由广交会在 VIP 采购商服务点进行推介；

➤ 可用优惠价格取得"网上广交会"铂金会员资格，获取行业买家资源在线查询、贸易匹配推荐、现场展商查询展示等系列信息服务，并以优惠价格享有"产品速递"服务，享受广交会现场电子商务服务点的宣传资料派发服务、获得官网电子杂志宣传机会；

➤ 可获得广交会"产品展示柜"优先安排资格。

（三）邀请参加广交会论坛、研讨会及有关重大活动

➤ 优先获取参与广交会主办的相关经济论坛、重要研讨会资格；

---

① 往届服务项目，仅供参考。

➢ VIP参展商的高层领导有机会获邀出席广交会期间有关重大活动；

➢ 参加广交会组织的VIP参展商座谈会，促进企业间沟通交流。

（四）提供额外证件及进馆绿色通道待遇

➢ 为每家VIP参展商配发一定数量的VIP特殊标识；

➢ 为每家VIP参展商额外提供一定数量免费的、当届有效的筹、撤展证名额，供本企业筹、撤展人员使用；

➢ 为每家VIP参展商额外提供一定数量免费的、当届有效的临时进馆证件，供本企业负责人或相关设计人员使用。

➢ 在广交会展馆主要出入口设置VIP参展商绿色通道，并悬挂明显标识，协助VIP参展商优先安检；

➢ 为每家VIP参展商安排一定数量的停车位。

（五）提供配套服务设施

➢ 允许VIP参展商自行邀请重要客户出席广交会期间的"乐茶歇"等休闲交流活动；

➢ 在不影响广交会官方使用的前提下，提供有限预订会议室的资格。

（六）广交会专人跟踪现场服务

设立VIP参展商服务点，提供VIP参展商服务咨询、资料及赠品发放、证件办理等服务。

客户服务中心现场服务点均设专人接受VIP参展商的现场服务申请；办证中心为VIP参展商提供VIP办证专窗办理筹、撤展证及车证业务；设专人进行筹、撤展及开展期间的服务跟踪。

（七）凭券在全馆任一咖啡点供应免费茶点

为每家VIP参展商赠送一定数量的茶点券；广交会期间，VIP参展商及其客户凭茶点券到广交会展馆任一咖啡点，均可享用一定价值范围内的免费茶点一份。

二、服务跟踪

（一）召开VIP参展商座谈会，征询意见及建议

每届广交会期间召开VIP参展商座谈会，促进参展企业间的沟通交流，并征询企业对广交会现场服务的意见建议。

（二）进行 VIP 参展商参展效果评估

每届广交会期间对 VIP 参展商参展效果进行更深入的评估，建立 VIP 参展商参展效果数据库，将评估结果融入整体分析。

（三）建立 VIP 参展商回访机制

每届广交会后，对有代表性的 VIP 参展商进行电话回访或其他形式的回访，保持与 VIP 客户的良好沟通，深入了解其对所需服务的愿景，为建立个性化服务体系建立基础；同时跟进采购商会后跟单履约情况、了解企业对业内市场行情的预测以及可能出现的情况和问题。

（四）节假日问候及礼品赠送

每逢重大节假日短信发送节日祝福或电话祝福，向 VIP 参展商寄送卡片或小礼品，使参展商时刻感受到广交会对其重视和关注，增强参展商的认同感和满意度。

三、相关印刷品制作及发放

（一）印制 VIP 参展商手册，随 VIP 参展商确认函寄送给企业，并派发给相关部门使用；

（二）印制 VIP 参展商名录，在 VIP 采购商服务点登记派发；

（三）印制并发放 VIP 参展商免费茶点券，制作 VIP 特殊标识。

图 5—2　广交会 VIP 参展商服务

3. 展览组织相关方（交易团、商协会、招展代理等）

广交会出口展的组展利益方主要包括负责组织企业前来参展的各交易团

（全国各省、自治区、直辖市、经济特区、计划单列市的行政主管部门），外贸发展局、各进出口商协会等；广交会进口展的组展利益方主要是招展代理等，同时各交易团对于广交会进口展的国内采购商招商推广工作也很重要。这些单位与广交会的展位安排密切相关，也直接关系到广交会参展质量的提升，因此外贸中心非常注重维护与他们的关系，在服务上为交易团、商协会提供临时进馆证、VIP进馆绿色通道等，通过各种渠道听取他们的意见与建议，并加以改进完善，必要时通过举办联谊活动等方式加强联系。

图5—3　广交会 VIP 参展商服务

4. 各级相关政府方面

广交会地位重要，受到各方政府关注，包括商务部有关司局、广东省及广州市有关部门，以及各地主管外贸的政府部门等。广交会重点是通过做好相关接待服务工作、举办开幕招待会等官方活动等方式，维护与各方政府部门的关系。

5. 驻会商务单位方面

广交会引进了为提供配套服务的银行、邮政及行包快递服务、运输服务（海、陆、空）、商品检验及产品质量认证服务、保险业务咨询服务、法律咨询及仲裁服务、电信服务、票务服务、商务旅游服务、业务工具书籍等项目的驻会商务单位。因数量较多、涉及面广，同时对于展位的服务提升非常重要，广交会特别制定了《中国进出口商品交易会驻会商务单位管理办法》，同时，广交会也为所有驻会商务单位提供电子商务增值服务。

附件二：
广交会驻会商务单位电子商务增值服务[①]

广交会为现场驻会商务服务单位提供一站式电子商务服务，包括参展易捷通网上申请、广交会宣传光盘推介、网页宣传、广交会网站链接、展位信息导航和现场无线上网等服务内容，覆盖从注册申请展位开始到展览结束之后全过程，将可为用户带来现场方便快捷的电子商务服务，以及网上跨越时空的宣传展示服务。

一、参展易捷通网上申请：在线注册，网上报送资料，直接打印；申请展位，24 小时在线操作；迅速及时获悉资格审核情况。

二、无线宽带服务：享用广交会现场无线宽带上网服务，随时随地接入互联网，沟通更为便利。

三、广交会宣传光盘推介：各驻会商务单位资料信息收录广交会宣传光盘，形成特色栏目，每届发放，现场直接向会客商派送，加强会后宣传。

四、网站链接宣传：在广交会网站中提供驻会商务单位的网站链接，方便参展企业快速找到所需服务，直接点击进入网站，提高网站访问量，带来

---

① 往届服务项目，仅供参考。

潜在需求。

五、特色网页宣传：提供中英文特色宣传页面，详细介绍其服务资讯、图片、联系方式等资料，全方位展现驻会商务单位风采。

六、现场信息导航服务：利用各展馆主要出入口现场展商展品导航服务点服务人员的现场宣传与服务，快速、有效指引参展企业到达驻会商务单位服务展位。

七、网上展馆数字导航服务：广交会网站"展馆数字导航"查询系统与现场信息导航服务同步，智能化界面为参展企业提供准确的驻会商务单位服务资讯以及科学的路线指引。

第三节　展览调研与改进

一、什么是展览调研

美国市场营销协会（AMA）对市场调研做出这样的定义：市场调研是对商品和服务市场相关问题的全部数据进行系统计划、搜集、记录和分析的活动过程。以此为基础，会展市场调研的定义可以理解为：展览活动中的利益相关者（stakeholder），尤其是展览公司，利用特定的方法和手段，对会展活动相关的会展市场信息进行系统地设计、搜集、整理和分析，并得出各种市场调查数据资料和研究结果，从而为组织制定经营决策提供依据的活动。这一概念包含两个层面：一是为展览本身提供资讯的调研；二是以展览为平台解决营销问题的调研。

对于一个展览来说，调研非常重要。调研是展览主办机构了解展览效果和自身问题、了解市场环境和行业趋势、了解竞争对手发展状况、明晰自身发展方向的基本手段。

二、调研类型

就大型综合展来说，根据其不同的调研目的，可分出以下几类：

（一）展览效果的评估

基于了解并提升自身展览效果的调研评估，包括参展效果调研、展览服务调研、成交统计分析及根据需要开展的相关展览现场运行效果调研等，据此提出改进展览效果的策略，促进展览效果的不断提升。

1. 参展效果评估

主要针对展览的参展效果开展评估调研，了解企业参展目的和习惯、对行业前景的判断、对参展效果的评价以及下届参展意愿等。广交会每届均择时开展展览效果的评估调研，了解参展商的参展习惯、消费心理及投入程度，了解参展商对广交会参展效果及各项服务工作的评价，为广交会的招展招商以及展览组织等工作的改进提供参考。

2. 展览服务评估

针对展览主办机构提供的各项展览服务的实施效果、改进建议等方面，进行的专题调研评估。具体参见展览服务板块关于展览服务调研评估的相关内容。

3. 根据需要进行的展览专题评估

展览主办机构可根据自身需要，开展展览效果相关的调研评估，如不同展馆区域的人流情况、不同产品区的受欢迎程度、品牌区与特装及标摊区的效果对比分析等方面的调研。展览效果的调研主题多样，但不需要面面俱到，应有的放矢。

4. 成交统计分析

展览一般作为交易洽谈展示平台而存在。现代展览举办期间很难达成现场成交，很多交易都是在展览之后双方进一步沟通达成的。因此，一般商业展览通常不统计成交情况，国际通行做法也不会将展览成交情况作为衡量展览成效的标准。但展览主办方如在展后跟踪参展企业成交情况，统计成交数据仍是可行的，但需要投入大量人力物力，意义不大。展览主办机构应将重点回归到展览本身。

但对于许多展览，特别是政府主导型展览来说，成交统计分析是一种比较特殊的调研主题，也是评估展览效果的一项重要指标。如前所述，展览仅仅只是一个供采双方洽谈的平台，很多交易的达成取决于展览之后的后续跟进，所以展览上统计的成交额只是意向成交情况，因此展览期间的成交统计的准确度难以把握，但不可否认成交统计分析的数据可以在一定程度上体现不同产品类型和不同地区的大体交易特点和趋势，能为政府的形势分析提供基本数据资料。因此，成交统计分析是我国政府主办大型展览比较通行的做法。

以广交会为例，成交统计分析工作已成为每届的常规工作。开展期间，交易团每天向企业发放成交统计收集卡，收集后交至大会业务办成交统计分析组，录入信息之后，系统自动生成固定格式的成交统计分析报表，定时呈送领导，以了解成交动向，并在闭幕新闻发布会上对外公布当届成交情况及特点。广交会成交统计已经成为体现外贸形势冷暖的重要参考数据。由于广交会是贸易型展览，为参展企业带来的订单是实在的，企业提交的数据以订单为基础（包括已经达成的和潜在的订单），因此可以反映其半年内的业务发展状态。应该承认，广交会成交统计的经验对其他大型综合展的可推广性不强。国内大部分大型综合展往往除了贸易成交，还担负了招商引资、地域经贸合作推广等其他内容，这些项目的时间周期长，与展览相关度不确定，如果笼统地进行统计，反而容易产生误导。甚至出现了个别仅是第一届举办的综合性展览，展览规模只有数万平方米，刚刚达到一个大型展览的规模，成交统计却可以轻而易举地超越举办了 100 多届的广交会。这样的数据用作商业宣传用途也许无关紧要，但如果作为相关政府部门分析和决策的数据，应该说是不够客观的。

（二）前瞻性调研

基于展览自身优化发展的前瞻性调研，主题主要包括行业市场现状和发展趋势分析、展期和展区设置、参展企业筛选和展品摆放、展位安排流程和规则等，前瞻性调研是制定展览应对策略，促进展览健康发展的依据。

1. 市场分析

市场分析较为宽泛，就展览行业来说，宏观方面包括国际经济环境、国内经济环境、外贸发展情况、展览市场竞争状况等，如当前外贸发展和企业发展的转型升级带来的对设计创新、品牌建设的需求；微观方面包括参展商和采购商的行为方式、参展意向变化、展位供求关系变化、采购需求变化、参展需求变化、新技术新手段在展览中的应用状况分析等，如电子商务的发展、电子信息和通信技术在展览中的应用等。

2. 行业发展趋势

行业发展包括两个层面：一是展览行业的发展状况，这通常基于对自身展览的分析，以及与其他展览的对比分析，大型综合展的各专业展区也需要对比分析各自对应的行业的专业展发展情况，从而据此了解展览行业及不同专业展领域的发展变化趋势，适时调整自身发展战略；二是展览所涉各展区板块的市场发展状况和发展趋势，如家电电子行业的高科技发展趋势，纺织服装行业的季节性问题等，找准各相关行业的发展方向，在招展中予以适当倾斜。

3. 展期和展览时间设置

一方面，有些展览的题材有很强的采购季节性，比如纺织服装类、礼品装饰品类的题材，展览时间的设置是否恰当将直接影响到该板块的展览效果，需要建立在充分的市场调研分析基础上；另一方面，随着展览从数量增长向规模和品牌扩张转变的趋势越来越明显，大型综合展形式越来越多地涌现，这些展览常常面临着场馆面积不够的尴尬。以时间换空间的分期举办方式逐渐受到关注，广交会就是通过由一期变二期、二期变三期来满足不断增长的市场需求，而每一次展期的变化都面临着参展商和采购商逐步适应的阵痛期。这就需要进行具体、翔实、充分的调研分析。

4. 展区设置

展区设置主要包括两方面：一是展览题材的选择，需要根据展览定位确定展区，同时要根据经济发展、科技进步、产业转型升级、市场需求等各种发展因素，综合考虑现有展区上下游产业链，或绿色、环保、低碳发展潮流等因素，选择有发展前景的展览题材，可以是对现有展区的细分，也可以选取新题材设立新展区；二是展区规模和位置的设置，需要综合企业需求状况、展馆物理条件、展区相关度统筹考虑。此外，与之相关的是同一展区内位置安排是否合理，展品摆放是否合理规范，同类展品集中摆放程度是否恰当等也是展区设置需要考虑的因素。不管是题材的选择，还是展区规模和位置的设置，都需要以参展商和采购商利益为核心，以促进展览的健康发展为出发点，都需要充分调研和听取参展企业、采购商和组展各方的意见。

5. 参展质量

参展质量包括参展企业质量和参展展品质量两方面。参展企业方面，需要充分了解参展企业的结构、筛选标准是否合理，考察相关组展代理机构企业招展情况，跟踪参展企业尤其是 VIP 企业的参展情况和参展需求；参展展品方面，应重点关注展品品质、品牌、行业认证、创新性、专利与自主知识产权等。

（三）竞争对手调研

顾名思义，竞争对手调研即以竞争对手为对象的调研，目的是通过了解行业发展信息和竞争状况，明晰自身的优势和不足，制定相应的发展策略。竞争对手调研的对象主要包括展馆周边同期展览、区域周边同期展览、各专业展区对应专业展以及国内同类型综合展。

1. 展览同期"搭车展"调研

展览同期"搭车展"，指位于主展所在展馆周边、与主展同期举办、题材雷同或接近，借用主展的市场资源而生存的展览。通常在国际上这类现象比较少出现，比如欧洲的德国、意大利、法国、英国等展览大国，以及亚洲的日本、新加坡等，往往都会有较强的市场自律，此类"搭车展"几乎不会出现。而在中国，一些地方市政规划时，往往会出现一个城市里有多个展馆的现象，甚至一些小的展览馆直接建在大展览馆的旁边。"馆外馆"的存在，自然很容易会导致馆外"搭车展"的产生。缺乏政府的良好规划和管控，或者展览行业的协调和自律缺失，这类非正当竞争的行为就难以消除。大型综合展涉及产品类别相对较多，尤其容易受到馆外"搭车展"的冲击，因为馆外"搭车展"可以不必与主展保持全部题材相同，只需选择一两个对其最有利的题材办展，较为容易形成集中优势兵力冲击主展个别题材的态势，无疑对主展的威胁更大。

如果一个大型综合展已经面临着这样困扰，抱怨显然是没有意义的，只有积极面对，才能应对好与馆外"搭车展"的冲击，在竞争中取得优势。这就需要承办机构充分了解周边同期展览发展状况，分析行业竞争态势、了解自身不足和相关题材展览市场规模与趋势等。

以广交会为例，周边同期馆外搭车展一度较为繁盛，最高峰时同期展览数达到十余个，随着广交会积极应对，通过改革扩容积极应对竞争，使馆外展的发展大受制约，目前除了第二期同期的锦汉家居用品和礼品展之外，广交会馆外展总体走势趋弱。广交会长期以来也保持着每届开展期间都进行同期馆外展调研，主要以考察、访谈等方式了解馆外展发展态势、相应行业市场状况、参展企业评价等，通过对比查找自身不足，进而采取有针对性的改进措施。

2. 区域周边同期展览调研

从地域上来说，周边同期展览除了展馆周边的同期展览之外，还包括展览所在城市或经济区周边的同期展览。一定区域内同期举办的展览是一种竞争与共享并存的生存态势：一方面竞争是必然的，展览之间在参展商和采购商资源方面都不可避免存在竞争；另一方面，同一区域的同期特别是同题材展览，会形成一种集聚效应，吸引更多采购商因为可同时参加多个同类型展览而远道而来。

对于有一定影响力的全国或区域性大型综合展，很有必要了解周边区域同期特别是同题材展览的发展态势，对比自身优劣，获取同行经验，探索应对之道。以广交会为例，开展期间珠三角地区和中国香港地区都会有大量同期展览，与第114届广交会同期的香港专业展数量就多达近20个，且题材相近，对广交会形成了较大竞争压力。为此，广交会根据需要有选择性地对珠三角地区，尤其是香港地区的同期专业展开展调研，为自身发展策略选择提供依据。

3. 各题材或展区对应的标杆专业展调研

大型展览不可避免地会与业内同题材展览形成一定的竞争。通过对业内领先的标杆展进行调研，可以扬长避短，错位发展或实现超越。然而大型综合展涉及多个题材，一般来说较难找到题材完全吻合的同类型标杆综合展作为参照，在某个题材上领先的往往都是专业展。另外，综合展也需要走专业化之路，不断提升各题材或展区的专业性，故必须从各专业展区或专业大类题材入手，把各板块展区做强，这需要积极参照和学习有同题材标杆专业展的经验。因此，对各专业展区对应的国际标杆专业展进行有针对性的调研，是促进综合展专业化发展的重要途径。

以广交会为例，共有 16 大类商品、分设 51 个展区，为推动各专业板块做大做强、提升竞争力，广交会通过各种渠道加强对国内外标杆专业展的调研，并从对照调研中，总结出各大类商品板块的竞争态势。据此，广交会可以更加有的放矢地根据专业板块发展情况制定相应的发展策略，从而进一步提升专业化水平。这对于大型综合展的专业化发展来说尤为重要。

4. 同类型综合展

虽然大型综合展一般来说较难找到题材完全吻合的综合展作为参照，但在综合展相对较多的中国，也存在着一些题材有部分重叠的综合展，特别是在一些有政府机构参与的综合展当中尤为常见。因此，大型综合展也要注重对同类型综合展的调研，对于一些有政府机构参与的展览，更需要在调研其市场领域的竞争态势的同时，了解政府部门的政策导向对其办展逻辑与理念的影响。仍以广交会为例，作为行业老大，也经常派人参与华交会等重要政府性综合展；为了促进进口展的发展，广交会近两年还积极派人赴中国（昆山）品牌产品进口交易会交流和考察调研，汲取办展经验。

大型综合展由于其举办目的、定位等原因，有着自己独特的发展路径。以广交会为例，作为我国外贸企业商品出口的重要平台，广交会依托"中国制造"的强大制造业支撑，促进外贸出口成交是其核心目标，虽一直在着力贯彻品牌战略，但广大中小民营企业仍然是参展主体。从这个角度出发，类似电子及家电板块难以充分展示当前世界电子行业的最新高科技发展趋势，纺织服装板块也难以代表该行业最新流行趋势和品牌价值。同时，综合展下的各专业展区有着不同的发展重心，不可能做到齐头并进，必然各有优劣。但是，从自身定位和发展目标出发，处于劣势的题材板块也应该有自己的发展策略，要特别注重错位竞争，做出自己的特色，保持自身的生命力，对于大型综合展来说更是如此。

三、操作流程

（一）确定调研目标和主题

为了什么目的？解决什么问题？确定课题，明确调研目标是开展调研首先要解决的问题。目标应尽可能具体和切实可行，这样可以避免许多不必要的麻烦。确定调研目标后就可以形成初步的假设。假设是在给定信息的条件下，被认为是合理的初步陈述。调研假设的提出为生成调研设计奠定了基础。

（二）生成调研设计

调研设计是指实现调研目标或调研假设需要实施的计划。调研设计通常是整个调研开展的总执行方案，主要内容包括调研目的、对象、时间、人员分工和注意事项等。客观上不存在唯一最好的调研设计，不同的调研设计都各有优缺点，重要的是必须权衡调研成本和信息质量。通常，所获得的信息越精准、错误越少，成本就越高，但是由于会展调研的特殊性质，调研设计者应以有效性原则为基本准则。调研人员可以根据调研项目的目标选择描述性、因果性或预测性的调研设计。

附件三：

广交会参展效果评估调研方案（大致框架，仅作参考）

一、调研目的

了解参展商的参展习惯、消费心理及投入程度，了解参展商对广交会参展效果及各项服务工作的评价，为广交会的招展招商以及展览组织等工作的改进提供参考。

二、调研对象

通过备案系统，采取随机抽样的方式，每个展区至少随机抽取 30 家企业，兼顾不同地区（东、中、西、东北、中央），类型（生产、外贸、工贸），展位（一般、品牌）的企业。

（一）抽取原则：

1. 品牌企业 10 家，一般企业 20 家；

2. 生产、外贸、工贸企业各 10 家；

3. 东部 14 家、东北 3 家、中部 6 家、西部 5 家、中央企业 2 家；

4. 同一展区，同一交易团只抽取一家企业；

5. 按展厅不同位置抽取企业；

6. 根据展区规模适当调整个展区抽样数。

（二）抽样数量：

	展区数	样本数
第一期		
第二期		
第三期		

三、调研时间

	调研时间	结果录入时间
第一期		
第二期		
第三期		

四、调研问卷（见下文问卷设计举例部分）

五、礼品派发

为每位参与调研企业代表发送1份首日封。

六、部门分工

（一）广交会工作部负责现场问卷的派发及收集，录入问卷结果，并根据问卷结果生成分析报告。

信息化部负责网络问卷系统的开发及设计，导出问卷结果。

七、人员及设备安排

（一）10名访问员，调研期间每人每期约完成60份问卷；

（二）录入时安排两人一组，一人录入一人检查；安排电脑8台。

八、工作安排

	内　容	时　间
抽样	企业抽样并录入	
	在展位图上标示企业位置	
将最终调研企业名单交信息化部导入统计系统		
录入问卷结果		
统计问卷结果		

九、对访问员的要求

（一）大方、自信、礼貌；口齿清晰，不要说得太快；须细心且有耐心。

（二）每一位访问员将会有访问展位号及展区图，根据图纸展位号寻找目标企业。假如在目标企业遭到拒绝，可以临时更换另外一家企业；更换企业，需记录其展位号、企业名，并做好登记。

（三）进被调查展位前，如果参展人员正在与客商洽谈业务的话，访问员可以先在一旁等候或先去下一个被调查企业。注意不要引起参展人员的反感。

1. 问候及表明自己的身份。

2. 找展位负责人或业务代表做问卷，不要找充当翻译的工作人员。

3. 解释调研内容和目的：了解参展商对广交会参展效果的评价，为广交会各方面工作的改进提供参考，更好地为参展商服务。

4. 强调企业是随机抽取，不记名，希望对方给予重视和合作。

（四）问卷回收（不隔天回收）

1. 当场等待填写完毕。

2. 发放问卷后，与企业约定，1—2小时后回收。

（五）回收问卷时注意检查问卷是否符合要求。

（六）调查完成后表达感谢。

（七）意外情况处理。涉及服务质量投诉的（如租用桌椅、装搭、用电、电话等），可以让其到现场服务办公室投诉，或者建议拨打客户联络中心咨询。

（三）确定调研对象——抽样

广义地说，抽样即选择调研对象。如需调研某个展览，则需考虑该展览的特点，是否有代表性，是否能满足调研需求等；如需调研参与展览的某个群体，则需充分考虑抽样的科学性和代表性，包括抽样对象的特点、抽样比例等。抽样环节十分重要，将决定最终的调研数据和调研结论。当然，对于一些小型展览来说，或者对于要调研的某一个小展区来说，因调查成本不高，也可以采取普查的办法，对每个企业或每个展位进行调查，这通常不认为是严格意义上的抽样，在通常展览调研中，尤其是大型综合展调研中很少适用。

对于展览调研来说，抽样方法通常包括随机抽样和非随机抽样两大类：

随机抽样又叫概率抽样，即从母体中按照随机原则，不受调查者主观意志的影响而开展的抽样，这既包括对调查对象群体统一开展的简单随机抽样，也包括对调查对象群体先按照一定的标准分层或分类后，再在各层（类）中按照随机原则抽取样本的做法。这种办法通常适用于对某项调研内容作浅表的了解，不够深入。

非随机抽样指母体中每一个个体没有被平等抽取的机会，而是根据一定的主观标准来抽取样本的抽样方法。这种方法主要包括：一是最简单快捷的任意抽样，即在展览中根据一定的目的随机选择客商进行调研，主要用于探索性调研、时效性要求较高的调研或流动性明显、边界不清的调研对象群体，如对竞争对手的调研常常需要现场随机访谈；二是根据调查者主观判断抽样，即对调研群体进行分类筛选，选取最合适的调研对象，这需要基于对调研对象较为熟悉和了解，如有时候需要对有代表性的 VIP 客商进行深入调研，其结论的权重和可信度有时会明显高于普通参展商；三是探索性抽样，即在不了解调研对象群体的情况下，可先从少数对象着手调查，并通过调查了解更多更符合条件的调研对象，再针对新了解的调研对象开展调研，从而不断扩大调研对象群体范围，并以此更加接近需要了解的客观情况，这种方法也通常适用于探索性调研，但所花费的时间等方面的成本较高。

抽样方法多种多样，关键是要根据调研目的和主题、对调研对象的了解程度等方面综合考虑，确定最合适的调研方法，或者综合多种方法多管齐下，以便更好更客观地接近调研结论，实现调研目的。

（四）确定调研时间

调研时间的选择很重要，可能直接影响调研结果。一要注意合理安排调研项目，避免扎堆调研，影响调研对象的兴趣和参展效果，可能导致调研对象的敷衍，带来不准确的调研结果；二要换位思考，注意调研对象的接受度，比如开展第一天，展客商参展行为刚开始，在开展调研时候要把握方式，避免引起反感；三要根据不同项目选择最合适的调研时间，如展览效果评估调研通常不能在开展初期开展，否则参展企业难以对展览效果做出有效评估，因此广交会的展览效果评估通常在每一期的第三天开始，有些展览的效果评估调研是在展览结束之后才开展。

（五）选择基本的调研方法

会展调研中，确定搜集数据的手段有三种基本的调研方法：观察法、询问法、资料收集法。

1. 观察法

（1）非参与观察法

指从旁进行观察，而不参与其活动。调查者可以分布在展览的不同位置，根据之前统一的要求进行现场观察，并做好相应记录。调查者的观察不应打扰参会者的行为，最好能够避免引起参会者的注意。另外，也可以安装一些被允许的装置进行机器观察，如流量计数器、条形码识别仪、录像机、现场检测仪等。

（2）参与观察法

指和受访者直接相处并与其一起活动，以更深入地了解被访者。参与观察法仍是以观察为主，调查者可以作为展览中的一分子，参与试用、参加专业研讨等，有的放矢地进行观察研究，当然这种研究对调查者的能力要求就更高了。

2. 询问法

（1）问卷访问法

这种方法最为通用，包括个别访问法、集体访问法、电话访问法、邮送法、计算机访问法等。问卷访问的每一种形式都依赖于问卷的使用。问卷是为了达到调研项目目的和收集必要数据而设计好的一系列问题，它是收集来自于被访者的信息的正式一览表。

问卷访问法是最基本的调研手法。其中，网上问卷调研是目前较为普遍的方式，通过网络快捷的信息传递，可以高效完成调研。网上问卷调研主要有以下几种：

★网上会展搭载的调研。这一方式通常成本较低，数据的回收与分析在技术上可以实现即时化。通常填答问卷的上网浏览者都是专业人士，由于其专业特点，问卷的设计不必像一般的网上调研那么简短，可以使用较长的问卷。同时在网上会展参展商身份确认过程中也可以进行大量信息的收集与整理。在技术上，调研者能够跟踪受访者，进行更深入的研究。

★门户网站会展频道搭载的调研。门户网站的会展频道也备受专业人士的关注，自然也是展览调研的极佳途径。此类调研也可辅助完成展览满意度、展览需求等方面的调研课题。

★邮寄问卷。指制作一份问卷，通过 E-mail 发送给被访者，被访者填后再通过 E-mail 寄回，很像现实生活中产品或服务的调查问卷或用户意见反馈表。对于展览主办机构来说，一般参展商和采购商的邮箱很容易获取。

（2）小组访谈法

展览期间，万商云集，使得平时几乎无法实现的小组访谈成为可能。小组访谈可对主题进行充分和详尽的讨论研究，展览主办方也可根据各方需求以及满意度进行调研。

图 5—4 广交会召开小组讨论会

（3）深度访谈法

深度访谈适用于两类人群：其一是参会的重要官员、学者和企业高层管理者。这类人群在日常的深度访谈操作中皆是难以接洽的对象，但是在展览过程中往往相对集中，同时由于大部分展览都有明晰的主题或单一的行业性质，因此访谈的实际操作也容易深入，有效性较高；其二是参展者。展览期间是极好的直接面对参观者的机会，商业展览参观者中有代理商、经销商以及消费者，文化展览参观者大都是专业人士或爱好者，通过相对无限制的一对一会谈，可以实现多种调研目的。受访者与面谈者很容易在展览这样一个特定环境中达成相互间的融洽关系，同时与主题无关的信息也比一般情况少。

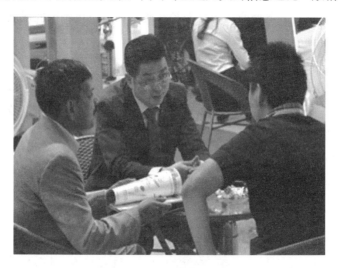

图5—5　广交会现场访谈

实施小组访谈和深度访谈时应该注意以下几点：

★明确调查目的及提问内容。

★寻找适当样本。

★把握访问机会。

★遵循提问的逻辑顺序。

★使受访者在充分了解的情况下作答。

（4）如何设计问题？

对于"询问法"这一调研方式来说，问题的设计十分重要。这里的问题不仅包括问题本身的表达，还包括选择题的选项设置。总体来说要重点考虑以下几个方面：

一是要紧紧围绕调研主题和调研目标开展，避免泛泛而谈；

二是根据不同的询问形式选择不同的问卷形式，如属大范围发放且需短时间内回收的问卷，不能问题太多、太深刻，应以客观题、选择题为主，尽量避免问答题；如属小范围发放且对象较为专业的，可以设计多种形式的问题，适当涉及主观问答题；如属讨论访谈的形式，应设计较为集中的主题，问题可以较为深入，等等，应具体情况具体分析；

三是要有充分的"代入感"，即设计者应完全从调研对象理解问题和回答问题的角度出发，尽可能以足够的对象感设计问题，以最大限度实现调研目的。

广交会期间的参展效果评估调研主要采取"问卷访问法"的调研方式，围绕"了解参展商的参展习惯、消费心理及投入程度，了解参展商对广交会参展效果及各项服务工作的评价展开调查，根据"为广交会的招展招商以及展览组织等工作的改进提供参考"的调研目的设计问卷内容，根据抽样量较大、调研对象回答时间较短的特点，以选择题为主；而广交会曾开展的第三期扩大开放国内采购商的调研，则根据抽样调研的对象特点，通过问卷访问、小组讨论、深入访谈等多种形式，综合得出最接近客观事实的调研结论。

附件四：

广交会参展效果评估调研问卷[①]

尊敬的参展商代表：

您好！首先欢迎您参展并感谢您对广交会的支持。为办好广交会，向参展商和采购商提供更好的服务，广交会主办机构进行本次调查。请您花费少许宝贵时间，协助完成以下问卷。如有疑问，广交会的访问员乐意为您解答。

感谢您的支持！您准确的回答至关重要，您的意见将有助于广交会百尺竿头，更进一步！

> 说明：除特别标注外，所有的选择题均为单选题

1. 贵公司参加本届广交会的目的是（   ）（可多选），其中最主要的参展目的是（   ）。

A. 出口成交   B. 结识新客户

C. 联系老客户   D. 展示企业形象

E. 获取市场信息   F. 推出新产品

---

① 大致框架，仅供参考。

2. 除广交会外，贵公司一年还参加（　　　）个展览。

A. 0　　　　B. 1　　　C. 2　　　　D. 3　　　　E. 4　　　　F. 5个以上

如贵公司还有参加其他展览，请填写以下题目2—1、2—2。

2—1参加的其他展览名称 _____

_____。

2—2在贵公司参加的展览中，您认为广交会参展效果是否最好（　　　）。

A. 是　　　　B. 否

2—2—1如选择"A. 是"，您认为广交会的优势在于：_____。

2—2—2如选择"B. 否"，您认为效果最好的展览是：_____。

与广交会相比，这些展览的优势主要在于：_____。

3. 贵公司一年的出口业务与广交会的关联程度（　　　）。

A. 10％以内　　　　　　　　　B. 10％～30％之间

C. 30％～50％之间　　　　　　D. 50％～70％之间

E. 70％以上　　　　　　　　　F. 第一次参展，无法提供数据

4. 贵公司本届参展产品的更新率（　　　）。

A. 10％以内　　　　　　　　　B. 10％～30％之间

C. 30％～50％之间　　　　　　D. 50％～70％之间

E. 70％以上　　　　　　　　　F. 第一次参展，无法提供数据

5. 贵公司是否邀请自己的客户到会（　　　）。

A. 是　　　　B. 否

5—1如选择"A. 是"，本届贵公司向（　　　）（填数字）家客户发送了邀请。

5—2邀请客户的到会率是（　　　）。

A. 10％以内　　　　　　　　　B. 10％～30％之间

C. 30％～50％之间　　　　　　D. 50％～70％之间

E. 70％以上

6. 贵公司平均每天接待客户（　　　）（填数字）人。

其中：老客户比例（　　　），专业客户比例（　　　），有效客户比例（　　　）。

A. 10%以内 B. 10%～30%之间

C. 30%～50%之间 D. 50%～70%之间

E. 70%以上 F. 第一次参展，无法提供数据

6—1 您所接待的客户同时还采购何展区或何种类别的商品？

7. 您认为本届广交会到会客户的特点（请在所选项上打√）。

内容评价	大量减少（慢）	减少（慢）	持平	增加（快）	大量增加（快）
1	重要客户到会情况	1	2	3	4	5
2	下单速度	1	2	3	4	5
3	订单数量	1	2	3	4	5
4	采购金额	1	2	3	4	5
5	现场签约	1	2	3	4	5
6	压价现象	1	2	3	4	5

8. 与去年相比，您认为今年贵公司所处行业的市场前景（　　　）。

A. 非常差　　B. 差　　C. 持平　　D. 好　　E. 非常好

8—1 贵公司的主要出口市场（　　）（可多选），所处行业增长最快的前三位市场（　　）（从高到低排序），广交会应该加强邀请的市场（　　）（可多选）。

A. 港澳台　　B. 日韩　　C. 东南亚　　D. 南亚　　E. 中亚

F. 中东　　G. 非洲　　H. 欧盟　　I. 俄罗斯　　J. 欧洲其他国家

K. 大洋洲　　L. 美加　　M. 拉美

8—2 您认为贵公司所处行业有哪些产品最具发展潜力？

9. 每届广交会均举办国际市场论坛，您最希望了解哪个国家的市场资讯？

（请填写三个）

10. 您对本届广交会的总体评价（　　　）。

A. 非常不满意　　　　　B. 不满意　　　　　C. 一般

D. 满意　　　　　　　　E. 非常满意

11. 您对本届广交会以下内容的评价（请在所选项上打√）。

	内容评价	非常不满意	不满意	一般	满意	非常满意
1	成交效果	1	2	3	4	5
2	展示企业形象	1	2	3	4	5
3	获取市场信息	1	2	3	4	5
4	展示新产品	1	2	3	4	5
5	参展展区的展品分类是否合理	1	2	3	4	5
6	参展展区的参展商质量	1	2	3	4	5
7	参展展区的展品质量	1	2	3	4	5
8	贵公司的老客户的到会数量	1	2	3	4	5
9	贵公司的老客户的到会质量	1	2	3	4	5
10	贵公司的新客户的到会数量	1	2	3	4	5
11	贵公司的新客户的到会质量	1	2	3	4	5
12	主办方对广交会的宣传与推介工作	1	2	3	4	5

12. 贵公司下届是否愿意继续参展（　　　）。

A. 是　　　B. 否　　　C. 待考虑

12—1 如选择"A. 是"，愿意继续参展，贵公司拟在本展区申请（　　　）（填数字）平方米。

12—2 如选择"B. 否"，贵公司不继续参展的原因是（　　　）（可多选）。

A. 到会客户不是公司目标客户　　　B. 参展费用太高

C. 参展效果不如其他展览　　　　　D. 参展申请手续繁琐

E. 其他（　　　）

13. 其他意见及建议。

3. 资料收集法

资料收集法主要用于竞争对手调研。展览主办方通常在开展前很长时间就调动各种资源开展市场宣传、招展招商等活动，因此可以从展览的各种渠道搜集到大量的原始资料或者二手资料。这些资料不仅有助于明确研究主题，而且可以切实提供一些解决问题的方法，可以说是事半而功倍。

展览资料主要有以下几个来源渠道。

（1）展览现场主办方资料

展览主办方通常会在展览现场发放各种名录，如参展商名录，内有详细的地址、联系方式、产品介绍、工厂分布、员工数量、销售水平、市场占有情况等。

（2）官方网站及相关展览项目管理系统

展览官方网站是一个展览最重要、最直观的信息发布渠道，也是参展人员获取展览信息、收集展览资料的最便捷有效的方式。展览主办方通常会在官方网站发布展览的基本信息、宣传资料、展商展品信息、采购指南、展后报告等，并定期发布展览相关新闻通讯，供参展人员及时了解展览最新消息、享受便捷服务。

越来越多的大型展览使用会展项目管理系统，依托于官方网站平台，实际上是一个庞大的数据库，可以提供丰富的资料。这主要包括展位预定管理系统（可在线查询展位状态、通过平面图和三维演示浏览展位位置和周边设施）、邀请函、参展手册发放管理系统（可查阅相关企业资料）、新闻信息发布管理系统（可查阅展览新闻、图片新闻、专题新闻、网络直播等信息，以及展览期间的会议论坛主题、时间、日程安排、演讲内容纲要等）、网上招商、门票预订管理系统（可查阅展览招商信息、网上和现场观众信息统计、贵宾和重要买家到场情况等）。

（3）参展商和行业代理

参展商在展览中通常会准备大量资料，有可能包括平时难得的内部资料，如新产品情况、公司详细介绍、年度报表、公司内部刊物等，相关的行业招展代理也会有资料，收集资料的同时可尝试与其建立联系。

（4）行业管理部门或行业协会

很多行业管理部门或行业协会会积极通过展览会，尤其是行业中有代表性的重要展会，来开展调研、宣传，发放相关行业资料。展览中常设有信息查询渠道，提供诸如行业发展趋势、市场分布等来自权威机构的统计结果。

（5）展览行业网站

通过一些展览行业组织网站，如德国经济展览和博览会委员会（AU-MA）等，可以查询到很多展览行业的相关数据。

（6）社交网络和应用程序

目前越来越多的展览利用微博、微信、Facebook、Twitter等社交网络，或通过开发移动应用程序等方式，来传递展览动态，发布展商展品信息，以及展览相关会议论坛活动等信息。

（7）新闻报道

有关媒体对考察目标展览的有关新闻报道和评论。

（六）调研信息汇总和分析

信息汇总包括调研信息的收集、录入和分析。分析的目的是解释所搜集的大量数据并提出结论。如数据信息量大的话可能要求助相关统计学工具，需要具备一定的专业技巧和手段，对数据进行简单的频次分析，或者使用复杂的多变量技术进行交互、聚类、因子等分析，建立回归模型等，从而使搜集到的数据解释更多的信息。信息汇总和分析也通常在展览结束之后开展。

（七）调研结论形成——制作调研报告

根据上述调研步骤，基于对调研汇总信息的分析，最终需要形成调研结论，其形式主要是调研报告，通常包括对调研目的、对象、过程的描述，调研结论和取得的成果、反映的问题和解决建议等内容。这一阶段通常在展览结束之后完成，在此不再赘述。

四、结论反馈与展览改进

调研的目的是为了促进展览的改进。调研结论形成后，应及时反馈给主办机构相关部门，对于政府主办的大型综合展来说，必要时还需反馈给相关展览主办机构，同时应不断督促、跟进后续改进工作。这通常在展览结束之后开展，在此不再赘述。

第六章 展后管理

展览闭幕或结束后，办展工作并未终止。从管理学角度看，展后的工作阶段是进入"PDCA"循环中继续流转。

"PDCA"循环管理概念最早是由美国质量管理专家戴明提出来的，所以又称为"戴明环"。PDCA 四个英文字母及其在 PDCA 循环中所代表的含义如下：

1. P（Plan）——计划，确定方针和目标，确定活动计划；

2. D（Do）——执行，实地去做，实现计划中的内容；

3. C（Check）——检查，总结执行计划的结果，注意效果，找出问题；

4. A（Action）——行动，对总结检查的结果进行处理，成功的经验加以肯定并适当推广、标准化；失败的教训加以总结，以免重现。未解决的问题放到下一个 PDCA 循环。

PDCA 循环是有效进行任何一项活动的工作程序。在质量管理中，PDCA 循环得到了广泛的应用，并取得了很好的效果。按照 PDCA 管理方法，任何一项展览管理活动都可划分为 PLAN、DO、CHECK 和 ACTION 四个阶段。就展览闭幕阶段而言，正是"PDCA"管理的"C 阶段"，即检查与审视期，审视本轮办展过程，处理未完结的问题；然后进入"A 阶段"，提炼成功经验，总结教训，为启动下一轮办展打下基础，下一轮又从总体规划的"P 阶段"开始，经历具体实施的"D 阶段"，再次进入"C"、"A"阶段，周而复始。

结合展览特点与管理学理论，本章重点讨论展览闭幕后的主要工作以及如何开展这些工作，包括：离场工作与遗留问题的处理、展览总结性宣传、闭幕后的客户关系维护、全面展览总结、新一轮招商招展启动等。在这些工作环节的具体组织与管理过程中，体现了 PDCA 循环管理的思想与方法。

第一节 离场工作与遗留问题处理

一、离场工作

展览闭幕后，展览客户，特别是参展商人员、展品如何在指定时间内顺利撤离展场是此阶段的主要工作内容。如果还承接了商务考察等配套服务，就要注意好人员与时间的衔接。

要使展览客户尤其是参展商及展品能顺利撤离展览场地，就需要办展机构提前设计合理、便利的撤离路线。其中，高峰期的交通配套、服务代理商是否充足等，均应纳入考虑因素。

在展览客户撤离展场前，所有与本次展览有关的财务结算应已完成。如果因开展期间忙碌或其他原因未付清款项的，在离场阶段应有相应的控制措施追缴付款，如组团单位担保、限制其以后参展等。

二、遗留问题处理

展览具有时效性，到了闭幕时间，该收尾的就得收尾。但是，有些在开幕期间产生的问题可能还来不及处理完，这就形成了遗留问题。遗留问题往往与展览客户对参展场地、有关配套服务不满或发生冲突性参展行为等有关，难以短时间内解决。办展机构应具备辨识遗留问题的能力，在开幕期间要有渠道收集展览客户反映的问题，并保持跟踪；在闭幕后应知道哪些问题已经解决，哪些问题尚待解决，并对客户予以及时回应。

大型展览容易出现客户意见分散收集、多头重复处理或搁置等问题。一个好的解决办法是由办展机构设立一个专门的类似于"问题中转站"的部门，集中收集客户反映的问题，并跟踪它们的解决情况。比如，现在很多企业设立的客户服务呼叫中心，就承担了这样的职能。广交会在2010年成立广交会客户联络中心，每届展会闭幕后都会对遗留问题保持跟踪，对提升广交会客户服务整体形象起到了一定的作用。

图6—1　广交会成立客户联络中心

第二节　展览总结性宣传

一、展览总结性宣传的意义与作用

展览闭幕后，对外发布展览总结报告已经成为市场化展览运作的惯例。这是展览有始有终的重要标记，也是展览自我营销的绝好机会。在当今信息时代，有经验的客商在选择参加哪个展览前，会自觉地寻找该展览上一届的总结性报告作为参考，不熟悉的客商也往往会试图通过翻查最新历史资料以求获得了解。因此，展览总结性宣传的核心——总结报告，就成了下一次展览的重要宣传载体。它不仅宣传了展览举办成果，提升展览品牌形象，更为下一次展览作舆论准备。现在，越来越多的大型展览意识到展后总结性宣传的重要作用。

其他进行展览总结性宣传的活动形式还包括举行闭幕答谢会、联谊会和举办新闻发布会，等等。

二、展览总结性报告的写法

对外发布的展览总结性报告不同于一般的总结报告，其实是以"总结"之名行"推介"之实，带有鲜明的自我肯定色彩，旨在通过突出本次展览特点、取得的良好成效，借助观念传感、舆论造势等方式，达到提升展览品牌形象，吸引参展商、采购商参加下次展览的目的。

展览总结报告形式多样，可以结合目标读者与展览题材的特点选择，大致分为两类：一类是摆事实、列数据，多见于工业行业领域题材的专业展；另一类是图文并茂，多见于消费品行业相关题材的展览。无论何种形式，报告的结构都是相似的，至少分为以下几个部分：

（一）展览概况

展览整体概况包括以下内容：展览全称，举办方、支持协助单位，时间、地点，展览规模，参展商、采购商的数量、结构及与往届增减比较，以及衡量展览成效的指标的具体内容。

在描述展览规模，以及参展商、采购商的数量、结构、与往届增减比较等情况时，不可避免地要使用数据，可以用文字叙述，但多采用图表法：以饼图显示数量结构组成，以曲线图显示数量发展变化，以表格列示各类数值。可根据需要选择适当的表现形式，但要尽量直观、简明，避免复杂，不能罗列一堆数据让人一看就犯晕。

市场化运作的展览一般选择参展规模，或到会客商数量的增加、参展商好评等作为展览成功举办的衡量指标。某些大型展览则相对看重展览的签单数量、成交额水平。如果展览有统计这些成交数据的传统，在撰写总结报告时要注意明确是否合适作对外宣传等。

（二）展览特点

从展示交流成效与办展组织工作两方面入手，可提炼出富有吸引力的内容作为本次展览的特点。要记住不是所有新举措都适合写入展览总结性报告，要选择对提升品牌形象、宣传下次展览起到切实促进作用的亮点，如展示了什么新产品、高技术产品、奇特产品等，组织了什么行业会议、论坛或其他配套活动，提供了什么参展便利等。

此部分是报告的重点，如希望着重推出配套活动的，可在此部分进行分述，以便展现更多亮点。

（三）评价与例证

参展者或第三方的评价与例证，对于展览的宣传极为重要。在评价方的选择上，展览参展商和采购商的评价最具有说服力，以他们对展览褒奖有加的体会、评价作为实例。客户代表的选取最好是有行业代表性，如获得龙头企业的肯定，无疑能带来巨大的广告效应。此外，还可选择一些会展行业专业人士或者媒体的评价等，为自己增加口碑，形成良好的舆论氛围。

（四）展望

这看似简单轻描的部分，其实是全篇报告的归根之处。从展望中要透出办展方对下次展览成功的信心，展现海纳百川的热情之态。

除了上述几个基本部分外，对外发布的展览总结报告还可以增加对有关单位的致谢，等等。不难发现，这些内容全部都是围绕宣传性总结的目标来撰写。

大型综合性展览在展览总结的语言运用上往往比较谨慎，多使用摆事实、列数据的方式，较少使用营销文案式手法。同时，由于展览总结通常要提供给指定的新闻媒体，其格式也往往更像是一篇新闻报道或摘要，且受限于读者与篇幅的范围，宣传推介的效果受到一定限制。因此，大型综合展可以在新闻通稿之外，再撰写和发布一篇具有特色的宣传性总结文稿。

图6-2　广交会新闻发布会掠影

本章最后附有两个展后总结的例子，分别是广交会以新闻通稿方式发布的简练清晰的展后总结，与中国（广州）国际家具博览会发布的展后总结，两者风格迥异，各具特色。读者可以从不同的角度去感受与解读这两种方式的总结。实际上，两者风格的不同根源于目标受众的不同。广交会总结稿更多面向的是新闻媒体、政府经济分析部门和广大新闻读者；中国（广州）国际家具博览会的目标则相对集中在参展商和采购商。

三、展览总结性报告的发布

对外发布的展览总结报告以办展机构名义撰写，在展览官方网站上长期发布，并通过客户关系维护系统广泛发送至所有目标客户（包括未到现场的潜在的参展商、采购商等），还可利用行业协会、新闻媒体、搜索引擎等渠道发布，并可作为展览后续招展招商的辅助材料。

第三节　展后客户关系管理

在展览闭幕后的一个短期内，参加了展览的客户带有较强的"参展烙印"，相对于其筹备与开幕阶段，此时他们对展览的利弊、好坏之处体会较深，办展机构通过发送展览报告、进行客户回访等方式能够加强其好感体验，了解其参展问题并协助化解，维护得法，将起到事半功倍的作用，也十分有助于维系客户的忠诚度。

对未实际到场的目标客户，此时也是办展机构与之接触的好时机。展览闭幕后，将展览总结性报告发送给他们，并随附客户关怀，也会给对方带来较好的印象。

展后客户关系管理的内容：

客户关系管理的核心思想是客户关怀。客户关怀包括如下方面：客户服务（包括向客户提供产品信息和服务建议等），产品质量（应符合有关标准、适合客户使用、保证安全可靠），服务质量（指与企业接触的过程中客户的体验），售后服务（包括售后的查询和投诉，以及维护和修理）。对客户关怀意义最大的实际营销变量有四个：产品和服务（这是客户关怀的核心）、沟通方式、销售激励和公共关系。在不同阶段，关注重点应有所侧重。展览客户关系管理也符合上述规律。在展览刚刚闭幕后，客户关怀应围绕已发生的客户服务与服务质量评价进行，还要注重解决后续遗留问题，确保售后的完备。

具体开展工作时，要注意选择合适的沟通工具与沟通方式，营造友好、高效的气氛，维持良好的公共关系。此阶段的具体工作内容包括：客户数据库更新与数据挖掘，客户跟踪与回访，参展商下届参展登记等方面。

一、客户数据库更新与数据挖掘

在展览举办期间，办展机构往往要对展览客户进行进一步的信息采集，如采购商参观登记、调研等。在展览闭幕后，应相应对客户数据库予以更新、补充，将核心客户——参展商和采购商按已参展与潜在目标分为两大类，或做更进一步的细分，有助于根据不同的对象实施不同的营销策略。

二、客户跟踪

客户跟踪与回访是客户关系管理的常用方法，目的都是为了维护客户关系。客户跟踪的常用方法有：

（一）制订客户跟踪计划

客户跟踪其实就是持续不断的客户联络，其目的在于以下方面：一是传递办展机构的诚意和服务姿态；二是了解客户真实需求，以便及时调整展览策划与营销方案；三是避免客户联系方式的流失，确定办展机构寄送资料的准确送达；四是维系良好合作关系，经常提醒对方"我们的存在"，培养对方在选择展览时想起我们的习惯。

制订客户跟踪计划要考虑的因素有：每日或每周的客户联络数量与频率、联络方式、为重要客户建立联络档案、定期总结。客户跟踪计划应每周制订一次。

（二）客户跟踪联络的数量与周期

根据客户分类及目标，制订不同分类下的客户拜访或联络的数量计划，其中，参展商与采购商是客户联络的重点对象。由于数量较大，要选取重点客户予以重点联络，但要注意合理的安排数量，数量太少则不能完成联络计划，数量太多则会降低质量。

根据经验，在展览刚刚闭幕后，应在不迟于 3—5 天内与重要客户沟通一次，关心其返程是否顺利，了解其参展过程是否如意、是否有什么意见与建议，同时寄送展览总结性宣传资料，以充分体现办展机构的关怀与重视，并及时推介、加深展览印象。其后，每天联络重要客户的数量宜在 10—15 户之间，每周要与重要客户保持至少 1 次的沟通。

（三）客户跟踪的工作原则与方式

主动联络与及时响应是客户跟踪工作的重要原则。展览闭幕后，主动向客户发送展览总结性宣传资料、关心客户参展效果等，对重要客户还可登门拜访。资料发送后不能守株待兔，要积极主动与其中的重要客户沟通，询问是否收到资料或邮件，是否还有什么需求等。联系客户的方式可以是多样的，如电话、短信，客户常用的即时聊天工具、邮件等。要注意的是，为切实传达客户关系管理的核心理念——客户关怀，在与重要客户的沟通与联络时，应注意个性化服务，不要让对方感觉是模板式的、机械式的，尽量避免群发短信或邮件，否则效果适得其反。语言运用上，要注意采用客气、礼貌、谦虚的语气，用词正确，表述简洁，突出重点。

展览闭幕后的客户跟踪，首先要向客户表示与会感谢，并及时向客户寄送展览宣传性总结资料。展览的致谢函除了寄送给现有的参展商和采购商外，还应对那些曾经协助支持的单位或个人一并致谢，对部分重要客户还可由办展机构派人登门拜访。

闭幕后的客户跟踪工作还会经常遇到客户反映参展中的若干问题。为使响应的及时性得到客户的认可，可以先给予对方一个明确的处理时间，并认真守信落实。如果不能很快明确时间，可以先约定某个具体时间内给予回应，无论该问题是否能完全得到解决。比如，客户反映参展期间展品被禁止摆放的问题，并表示不解时，联络员在不清楚事件全过程的情况下，无法立即给予明确的处理时间回复，但可以告诉客户："您提的这个问题，我需要向××部门作进一步了解；我会在明天下班之前给您一个明确的答复。"这样，客户一般都会满意。

（四）为客户建立档案

客户跟踪过程中需要为重要客户建立档案，以便记录客户在参展全过程的问题、特点、行为习惯等。对展览参展商的跟踪，还要包括使用现场收到的名片数量、意向成交金额、新客商比例、主观满意度评价等指标，记录其参展成效等。建立档案不但有助于更好地为其提供个性化服务，还能为展览策划提供参考。

（五）定期总结

定期对客户跟踪工作进行总结，包括对跟踪经验、技巧的总结，对收集的客户信息进行汇总与分析，提炼出有价值的市场反馈信息。

三、客户回访

客户回访是围绕产品或服务的满意度调查，常常扩展为有目标地对客户某种参展关联行为或认识的调查。闭幕后展览客户回访工作的目的是：获得对提高展览水平、提高核心竞争力确有帮助的信息。客户回访看似花费成本，但如果能得到对方的充分配合，就有望得到有价值的信息，如同另一种形式的创收。回访内容的策划是成功获取有价值信息的前提，合适的回访方式是促进客户配合、提供有价值信息的保障，两者都十分重要。

（一）客户满意度调查的组织

展览客户满意度调查，往往围绕客户参加展览的目标实现程度与满意程度来设计回访内容，以期通过这些问题的答案揭示展览的成效、认可度和可持续性。科学设计调研内容与采用科学的统计方法，是产生准确结论的保障。

客户满意度调查组织工作分为计划、准备、实施、汇总分析四个阶段：

计划阶段：提出调查方案并获准执行。调查方案应包括具体的调查目标、调查的方式，确定调查样本的选取办法与数量，确定时间进度安排，明确人力、物力、财力以及信息系统支持等方面的必要需求。

准备阶段：了解目标样本的背景资料，培训调查人员，落实各项配套支持。

实施：开展满意度调查的过程。

汇总分析：对调查回收的信息进行分类统计，归纳结论，提炼观点。如能充分借助信息化系统产生更多有价值的关联信息，可提高满意度调查的成效。

（二）客户满意度调查的内容

展览开展客户满意度调查，内容可以是针对客户的全面参展体验，也可以是侧重参展的某一方面，取决于办展机构开展该调查工作的具体目标。客户满意度调查的内容通常只选取办展机构可控制或希望了解的方面，那些与参展有关、但办展机构无能为力且不感兴趣的话题不列入调查内容。客户满意度调查的内容一般包括以下方面：参展目的归纳、参展效果评价、采购商到会评价、展览服务评价、下届参展意愿等。如希望进一步拓展调查深度，还可开展产品更新率、行业关联分析、行业市场预测等。

（三）客户满意度调查的方式

客户满意度调查的方式可分为访谈式与问卷填写方式。其中，访谈式又可分为电话访谈、当面访谈等形式，问卷填写又可分为电子邮件问卷、网络问卷与现场派发问卷等形式。从实际效果看，当面回访加电话回访结合是最有效的方式。

客户满意度调查实际上是客户跟踪管理的一项内容，与客户沟通的技巧与注意事项参见客户跟踪管理的有关章节。如果采用问卷调查，那么问卷题目的设计要遵循调研问卷设计的一般做法，简明直观。

在第五章展中管理中，我们介绍了广交会参展商满意度调查主要是采取现场派发问卷的形式进行。实际上，这一问卷也在广交会的参展商网络服务系统"易捷通"上有电子版供参展商填写。网上的调查实际上延续到了展后的一段时间，相当于展中与展后调查的结合。

四、参展商下届参展意向登记

展览闭幕前，展览现场提供下届展览展位预定的服务，通常以预订申请表的形式出现，可于现场交至展位预售处或者以其他方式递交给办展机构。如果展览尚未明确下一届的办展要素时，也可以参展意向表的方式现场收集参展商意见，以获得下届展览需求的初步评估。

下届参展意向登记一般包括以下内容：参展商名称、本届展位数量与位置，申请下届的展位数量，是否需要保留原位置，对本届展览的总体评价，联系人及联系方式等。

第四节　内部工作总结

工作总结是对一定时期内的工作加以总结、分析和研究，肯定成绩，找出问题，得出经验教训，探索事物发展规律，用于指导下一阶段工作。展览工作总结也不例外，它是在展览闭幕后，由办展机构对展览从筹备到结束全过程的工作进行回顾，并根据客户回访与跟踪所收集到的信息，总结成功经验，分析存在问题和有待改善的方面，提炼对下届办展具有指导或参考价值的观点、方法和经验等，形成书面报告，指导以后的办展工作。

展览工作总结与展览总结性宣传不一样，前者是以提高办展组织水平为目标的总结，后者以宣传为目的，实际上是一种自我推介。

一个全面的展览工作总结应包括以下方面：展览策划、招展、招商和宣传推广、展览现场管理与服务、展览各种相关活动、展览财务（含预算、成本、费用）等。各类展览工作总结的思路基本一致，要注意的是，展览工作总结应立足于自身定位，以市场为导向，提出改进措施。

一、展览策划总结

展览策划总结是总结的重要组成内容。正确的策划是展览成功的前提，因此，闭幕后要对展览总体策划方案进行认真回顾与分析，对办好下一次展览有重要指导意义。需要注意的是，在总结之前要先确保一个合理的"视角站位"，即要站在对整个活动进行360度透视的角度进行回顾，这样才尽可能贴近活动本身，更好地从全局去把握方向、寻找解决问题的根本办法。

具体而言，展览策划总结涉及：展览名称、地点、举办时间、展品范围、展位定价策略、展览规模与展区设置、招展招商推广计划、配套活动策划、服务提供商计划等方面，内容提纲举例如下：

（一）评估展览名称、地点、举办时间是否得当，是否存在名称误导、季节性采购、食宿行困难等问题；

（二）展品范围与分类是否能够反映展览题材所涉行业的产品分类，是否为参展商与采购商认同，并便于搜索或贸易匹配使用；

（三）展览规模、展览定位与招展计划是否一致，定价策略是否得当，招展计划是否合理；宣传推广和招商计划是否可行等。大型综合展还要评估是否已充分发挥各个子题材板块的优势，是否可以借助更多市场化资源；

（四）展览配套活动计划，如会议论坛、贸易促进活动、商务考察、展览旅游等项目是否具备可行性，是否有利于促进展览本身，受欢迎程度如何，有什么需要改善和提升的方面。

在大型综合展策划工作的总结中，还有一个很重要的方面，就是与各支持或协办方关系的处理。大型综合展除了主办承办方外，往往还有多个支持或协助单位，他们在招展、招商或展位分配上不同程度介入，实际上对展览办展水平有重要影响，如广交会组展体制中的商协会、交易团。办展机构要与他们维系良好的合作关系，并要从组展制度体系建设入手，规范、明确各方职责，合理分工，减少内耗，以不断提高展览水平作为共同目标，促进形成 $1+1>2$ 的合力，有效发挥各方积极性。

另外，在进行定价策略的总结中，要注意到大型综合展有如下特点：招展任务往往由不同地区、不同领域的单位或部门承担，展位以整合营销方式销售的情况较少，价格变动的灵活度也不高。因此，这类展览对展位定价的市场接受预判能力的要求较高，如果过高评估展位需求紧俏程度，容易带来招展规模不足、又难以临时降价的被动局面。

二、招展工作总结

展览招展工作总结，是对招展实施过程中的具体做法的总结，主要围绕执行力和实际市场反馈进行分析，总结经验，提出建议。具体内容包括：招展计划目标达成情况、招展进度管理经验、客户关系维护等方面。每一方面都可依据客户跟踪与回访所收集、加工得到的信息，展开深入分析。若设计了招展整合营销产品，还需总结该销售模式是否发挥理想作用，及其销售状态的原因。

需要特别指出的是，具有多个承办、协办方的大型综合展的招展进度管理往往需要一个执行力强的统筹中心，统筹兼顾各方利益，协调各方关系，才能确保进度顺利。

三、招商与宣传推广总结

展览闭幕后的招商与宣传推广总结，是对整个办展过程中使用的招商推广渠道进行分类，分析投入成本与产生效果，从而获得对各渠道使用价值的评价，对宣传推广内容的改进建议。

招商与宣传推广工作的成效一般通过定量数据分析呈现。如闭幕后分析客商到会的数据（包括停留时间、天数、进馆次数、洽谈企业数、参观路线等），从客商实际付出的参观时间，可以得到以下信息指标：平均每个展位的采购商数量，平均每个企业的采购商数量，采购商到会高、低峰时间，采购商的平均停留时间及趋势，来源地分析，展览信息获取渠道等。通过这些数据反映本届招商推广工作是否达到预期目标，比较出与目标的差距及提出建议，获得本届客商参展喜好等情况。

市场化运作的展览十分重视招商推广宣传的投入，对下次展览的宣传推广花费可以占一次展览收入的 20％甚至更多。政府主导的大型综合展往往受到预算限制，或受限于人力，只在一些固有渠道里做文章，看上去节省了成本，但回馈的效果往往不及市场化运作方式。

四、展览现场管理与服务总结

展览总结除包括前期的策划、招展招商等方面工作外，还要对展览现场管理、服务进行回顾。展览现场管理与服务的内容、方式、水平是展览客户参展体验的重要影响因素，因而影响客户对整体办展水平的评价。此部分总结应围绕客户需求满足程度进行，同时要注意囊括展览服务指定商的内容。

一个展览的现场管理与服务工作包含筹撤展时间安排、展品运输、人员进出、展场搭建、展具配置、安全保卫、清洁卫生等方面。这些方面的服务提供者可以是办展机构本身，也可以是指定的服务提供商。展览服务指定商是办展机构为满足参展商、采购商需求而引入的外部合作单位，他们对办展机构而言是客户，但对参展商、采购商而言是与办展机构融为一体且不可分的。因此，展览总结中关于现场服务的内容，应将对展览服务指定商的评价纳入其中，从整体展览水平的角度对其存在效用、服务水平优劣、服务方式与价格的合理性、使用者反馈等方面予以审视。

五、展览相关活动总结

为促进展览的举办，办展机构常常在展览同期组织相关活动，如主题论坛、设计促进贸易活动、贸易配对、各类酒会、晚会、新闻发布会等。这类活动往往带有一定的延续性，每届展览都可能相对固定安排，但又需要不断创新，以求保持吸引。因此，着重围绕其对展览核心客户的贡献作用、活动收效、组织创意等方面进行总结。

六、财务总结

展览结束后，展览的成本、费用、收益等财务数据相继产生，分析整体展览的收益水平，成本费用构成，有利于今后开源节流地办展。此部分总结还可结合立项阶段的项目投资预测、盈亏分析等比较，根据实际情况相应调整下一轮的预测方法与参数。

第五节　启动下一轮招商招展工作

展览是按届来计划和筹备业务的。展览的届数代表办展频率。每成功举办一届，就像长了一岁，业务上又重新轮回。闭幕后，办展机构要开始着手准备下一届展览的各项筹备工作，在对上届展览总结工作的基础上，拟订下一届展览的策划方案，制订下一届展览的展位安排办法、招展招商与宣传推广方案，编印招展书、邀请函等。对于大型综合展，如果策划方案或某个具体组织工作有调整的打算，办展机构应提前与所涉及的各协办支持方面做好充分沟通，争取对方的理解与支持，以便在将来工作中互相配合落实。

尽管展览是不断轮回的，但通过努力，办展机构总能使每届展览都进步一点。展览在周而复始的举办中不断创新，不断提高。即使年届已高，即使历史悠久，在精心策划和营销下，展览可以持续焕发青春，续写不老传说，这也是展览人的追求和梦想。

附件一：

第 113 届中国进出口商品交易会闭幕新闻发布会发言稿

发布日期：2013-05-05

新闻界的朋友们，女士们，先生们：

下午好！欢迎前来参加第 113 届广交会闭幕新闻发布会。

第113届广交会将在今天下午闭幕。本届广交会是党的十八大胜利召开和新的中央领导集体产生后的首届广交会，具有特殊重大意义。虽然从第一季度海关统计数据看，我国外贸运行情况好于去年同期，但外需不足状况尚未根本改善，劳动力、土地等要素成本上升，融资难、融资贵、人民币升值等诸多困难仍然存在，贸易摩擦有加剧之势，外贸发展面临的压力没有根本缓解。面对内外压力，本届广交会认真贯彻落实十八大提出的创新驱动发展战略，以加快转变外贸发展方式为主线，以"稳增长、调结构、促平衡"为目标，按照稳中求进的工作总基调，创新业务发展模式，提升展览质量和效益，办展水平得到进一步提升。

在商务部党组的高度重视和统一领导下，在广东省、广州市人民政府以及各有关部门的大力支持下，经过全体与会人员的共同努力，本届广交会总体运行平稳，圆满完成各项任务，为促进我国外贸发展做出了新的贡献。

下面，我向大家介绍本届广交会的总体运行情况。

一、采购商与会人数呈恢复性增长

第113届广交会境外采购商与会202 766人，来自211个国家和地区，比第112届同期增长7.06%，比第111届同期减少3.83%。

各大洲境外采购商与会人数按比例从高到低依次为：亚洲109 994人，占54.25%；欧洲36 435人，占17.97%；美洲31 709人，占15.64%；非洲17 427人，占8.59%；大洋洲7 201人，占3.55%。

与上届同期相比，非洲增长28.96%，大洋洲增长15.11%，美洲增长11.41%，亚洲增长7.51%，欧洲减少6.21%。与第111届同期相比，非洲增长2.54%，大洋洲减少2.89%，亚洲减少3.29%，欧洲减少4.89%，美洲减少7.78%。

与会人数排名前20的国家和地区与会127 882人，占与会总人数的63.07%，较上届减少2.33个百分点。与会人数前十位的国家和地区依次为：中国香港、美国、印度、俄罗斯、中国台湾、马来西亚、印度尼西亚、澳大利亚、泰国、韩国。

2012年我国十大贸易伙伴国家和地区与会123 767人，占与会总人数的61.04%，比上届减少5.26个百分点。

共有 1 603 家国际连锁企业与会，环比减少 1.66%，同比减少 8.14%；人数为 3 682 人，环比减少 3.2%，同比减少 13.14%。在 2012 年最新公布的世界零售 250 强企业中有 66 家与会，排名在前 10 位的有 6 家，分别为沃尔玛、家乐福、特易购、好市多、沃尔格林和家得宝。

老采购商与会 146 383 人，增长 5.4%，占 72.2%。其中，与会次数 10 次以上的客户有 48 977 位，增长 5.5%；与会 15 次以上的有 30 107 位，增长 5.3%。新采购商与会 56 383 人，增长 11.59%，占 27.8%，提高 1.12 个百分点。

二、外需尚未根本好转，转方式调结构步伐加快

本届广交会累计出口成交 355.4 亿美元，环比增长 8.8%，同比下降 1.4%。

对欧盟、美国、日本成交环比分别增长 6.3%、9.9% 和 38%，同比分别下降 4.9%、0.5% 和 12.6%；对金砖国家（印度、巴西、俄罗斯、南非）成交环比增长 6.0%，同比增长 5.2%；对中东成交环比增长 10.0%，同比增长 3.8%；对东盟成交环比增长 1.5%，同比下降 6.5%。

民营企业成交 211.9 亿美元，环比增长 3.3%，同比下降 12.8%；外商投资企业成交 86.0 亿美元，环比和同比分别增长 24.6% 和 36.5%；国有企业成交 57.5 亿美元，环比和同比分别增长 9.4% 和 6.0%。

中短单占比居高不下，长单占比依然偏低。成交订单中，3 个月以内的短单占 48.6%，3—6 个月的中单占 35.1%，6 个月以上的长单占 16.3%。反映出受金融危机影响，采购商下单依然谨慎，国内企业担心原材料价格、汇率波动，不敢接长单。

品牌展区成交较好，企业更加注重培育竞争新优势。品牌展区成交 129.2 亿美元，环比增长 2.7%，同比下降 2.9%。拥有自主品牌、设计理念先进、技术不断创新的高附加值产品成交活跃。越来越多的企业认识到，加快培育以技术、品牌、质量、服务为核心的外贸竞争新优势是今后企业生存发展的必然选择。

进口展位需求旺盛，特色产品受欢迎。本届广交会进口展参展企业数量和质量有所提高，共有 38 个国家和地区的 562 家企业参展。境外参展企业为

开拓中国市场，积极展出绿色环保、高新技术和本国特色产品，深受国内采购商欢迎。本届首次开设进口展区国内采购商联络专线，为国内采购商提供办证与咨询服务。

三、与会各方知识产权保护意识增强

本届投诉接待站共受理知识产权投诉 542 宗，664 家参展企业被投诉，最终认定 354 家被投诉企业构成涉嫌侵权。与上届同期相比，受理案件总数上升 12.22%，被投诉企业总数下降 0.90%，最终被认定涉嫌侵权企业总数上升 5.67%。共受理贸易纠纷投诉 45 宗，比上届同期下降 19.64%。企业的知识产权保护意识增强，有创新意识的企业增多，企业自我维权能力、投诉应对能力明显提高。本届广交会继续试行知识产权投诉中介代理证制度，共有 21 家代理机构办理了中介代理机构证件。松下电器产业株式会社、米其林、三丽鸥、东芝、戴森、欧莱雅、法国弓箭等跨国企业，都委托中介代理机构进入广交会依法维权。

四、广交会高端资讯服务广受欢迎

企业转型升级的积极性和主动性不断增强，积极参与广交会产品设计与贸易促进中心（PDC）活动，努力培育竞争新优势。本届 PDC 设计展示面积达 895.5 平方米，比上届增长 73%，共吸引了来自 10 个国家和地区的 45 家境内外设计公司/机构，举办 4 场设计主题论坛和 16 场对接活动，得到企业的热烈响应。特别是与江苏、杭州、宁波、深圳、广州等交易团合作定向组织企业参与对接活动，对接效果显著提升。本届广交会举办会议论坛 134 场次，受到设计机构、参展企业的高度评价。其中广交会国际市场论坛以俄罗斯市场为主题，吸引了近 400 名企业代表参加。

五、广交会电子商务平台正式上线运营

第 113 届广交会，广交会电子商务平台（简称"广电商平台"）正式上线。广电商平台依托真实有效的采购商资源、全球推广渠道、线上线下互通、一站式外贸服务和诚信保障赔付五大优势，积极营造真实可信的贸易环境，打造国家级高可信的国际贸易电子商务平台。这是打造智慧广交会的重要举措，必将推动广交会再次实现历史性跨越。

目前，广电商平台已成功上线运营 21 天。其所属的信息采集机和直通车

（现场专刊匹配推荐服务）服务平台使用状况良好，其中直通车平台共服务了11.8万位现场采购商，为现场参展商匹配推荐次数逾74万次。

六、现场服务效率不断提高

本届大力推进低碳环保广交会建设。严格落实《关于推进广交会低碳环保发展的实施意见》，从布展、参展和撤展三方面推进建设，举办"低碳环保特装"评比，对获奖的参展企业和施工单位给予相应奖励，共有45个展位获得"绿色环保特装"荣誉称号。加强宣传教育，鼓励企业采用环保材料，把低碳环保建设落到实处，促进广交会办展模式的转型升级。

本届对外公布的服务承诺由12项增至18项，服务时效达标率为89.2%，现场服务效率得到了提升。通过对服务过程进行全方位的监控，促进现场服务效率不断提高。按照"一人一证"思路继续优化证件服务，人员管理更加便利、高效，进出更加顺畅，同时展馆秩序明显改善，提高了安全系数。

广交会客户联络中心开通30个座席，提供中、英、西、法、俄五种语言的人工和自动语音应答全天候服务。热线4000-888-999累计接到来访电话32 937宗，外拨回访客户去话16 105宗，利用端到端的形式受理业务1 706宗，回访显示客商满意率为97.56%。

本届广交会得到了与会媒体的高度关注，境内外新闻媒体紧密围绕本届广交会的重点和亮点，深入采访参展企业、采购商和各地商务主管部门，对参展企业加强自主创新和品牌建设，推进外贸发展转型升级，努力开拓新兴市场的精神风貌进行了充分、客观和深入的报道。我谨代表广交会新闻中心，对大家的辛勤劳动和敬业精神表示衷心感谢！

谢谢大家！

第33届中国（广州）国际家具博览会
The 33rd China International Furniture Fair (Guangzhou)

Ciff

GUANGZHOU
广州

MARCH
3月

2014年3月展 · 展后报告

广州琶洲·广交会展馆　China Import and Export Fair Complex · Pazhou · Guangzhou

www.ciff-gz.com

领航家具设计潮流

一年之计在于春，全球家具行业领袖和精英汇聚羊城，共同见证了第33届中国（广州）国际家具博览会（以下简称为"CIFF家博会"）的成功举办。展会涵盖民用家具、办公家具、户外家具、家居装饰品、家用纺织品、家具生产设备及配料等上下游产业的全系列题材，为行业提供了最广泛且专业的合作与贸易平台。

本届展会规模达68万平方米，共有来自中国、美国、德国、意大利、法国、英国、比利时、葡萄牙、印度、新加坡、泰国、澳大利亚、日本、马来西亚、土耳其等32个国家和地区的3684家品牌企业参展，阵容鼎盛。

来自全球190多个国家和地区的148,110位具有商业价值的专业观众（不含购票观众在内）到会参观、采购，同比分别增长18.75%和4.99%。来自德国、比利时、美国、南非、土耳其、韩国、日本、印度、新加坡、马来西亚等地的多个海外采购团及国内多家大型家居卖场以及行业专业采购团到会，万商云集。

本届两期展会的展览时间均从四天延长至五天，分别于3月18-22日和3月28日-4月1日隆重举行，为中外客商创造了更多洽谈和交流的机会，受到了广泛好评。根据现场统计，本届展会连续3天以上到会观展的采购商的比例超过61%，同比上升了43.2%，体现出CIFF家博会在行业活动中价值的进一步提升。

国际化程度加深

国际品牌馆的规模进一步扩大，全球顶级奢侈品牌卡沃利、范思哲、蓝色情人闪亮登场，国际家具顶尖品牌意大利纳图兹、夏图，美国爱室丽、泰普尔、比利时美达龙、英国百年品牌斯林百兰、新加坡华达利、芝华仕等亦齐聚本届CIFF家博会，带来国际顶级家居时尚和一流的服务体验。

第33届中国（广州）国际家具博览会展后报告

设计风采夺目

展会首次设立新锐设计馆，众多注重设计与创意的家具企业如多少、广州美院、高尚、自由空间等纷纷亮相，集中推出极富设计概念与品质追求的家具产品，以设计提升贸易、以设计促进发展。第一期展会同期举行的第六届广州家居设计展和第二期展会上举行的第五届广州办公环境展主题馆展示，共同推动着中国家具行业原创设计力量的发展与创新，并探索行业的未来发展趋势。

展区特色突出

特色展区蓬勃发展。展会首次打造睡眠中心，展示更科学、更舒适、更安稳的睡眠体系。首设软装生活馆和整体饰品馆，全面、立体得整合室内家居装饰元素。新中式、红木家具展区，户外家具及休闲用品展区，儿童青少年家具展区和定制家具展区也得到了市场的高度关注与肯定，众多顶级品牌纷纷进驻。

交流活动精彩

展会及时捕捉市场变化，前瞻市场发展趋势，同期举办20多场设计潮流发布、区域市场分析、贸易经验交流、科技与创新等方面的论坛活动，第八届全国政府采购家具峰会和2014北京品牌家具产品荟暨推介会启动仪式等行业商协会的大型活动也选择在此平台上举行。

CIFF家博会是一个汇聚人气、打造名气、充满朝气的盛会。

3·18发布会

藉第33届中国（广州）国际家具博览会盛大开幕之际，作为中国展览业的领军企业、已有57年发展历史的中国对外贸易中心（集团）隆重发布了一条重大消息：从2015年起，将每年9月在广州举办的家具展整体迁至上海虹桥展馆举办。今后每年3月在广州举办中国（广州）国际家具博览会，每年9月在上海举办中国（上海）国际家具博览会，形成南北呼应，春华秋实的展览双城格局。

到会嘉宾及企业评价

行业嘉宾评价

中国家具协会理事长 朱长岭
广州家具展在家具行业转型升级取得成效的形势下，为家具行业健康有序发展、交流信息、创新设计、拓展业务起到积极的促进作用。广州家具展是我国家具行业发展的助推器，未来仍然会为行业起到推动作用。

广东省家具协会会长 王克
展会出口、内销的市场导向十分准确，成交作用十分显著，为广大参展商和到会的全球采购商提供了全年超过五成的贸易机会。广东省家具协会将与中国对外贸易中心（集团）、中国对外贸易广州展览总公司携手共进，积极参与上海虹桥家具展。

广州市家具协会会长 刘显明
现在的广州家具展已成长为中国乃至世界最具有国际影响力和商业价值的专业展览之一，不仅为海内外家具买家和卖家提供一个广阔而全面的贸易、交流、展示平台，更为中国家具行业的发展提供了无限动力。广州家具展挥师北上，广州市家具协会一定积极参与、密切配合，与中国对外贸易中心（集团）、中国对外贸易广州展览总公司共同携手，在新的城市、新的展馆共谱中国家具行业盛会的新篇章！

中国家居品牌联盟主席 刘永康
广州家具展代表了国际最高水平，为参展商和采购商缔造了无限商机。我们充分相信，在中国广州和上海两个城市举办的家具博览会所带来的双城联动效应，将为家具行业注入新的活力！中国品牌联盟欢迎并支持由中国对外贸易中心（集团）主办的中国（上海）国际家具博览会。

广东联邦家私集团有限公司主席 杜泽桦
广州家具展是最全面的展览，从 1998 年至今联邦家私参加广州家具展，十七年来从未间断，这里是行业关注的交流平台和体现行业动态的平台，一直是我们的主战场，参展效果很稳定。联邦家私愿意与 CIFF 携手并进，2015 年起，每年的 9 月展会共同走进上海，创造新的辉煌。

浙江圣奥家具制造有限公司董事长 倪良正
广州家具展作为中国历史最悠久、层次最高、规模最大、到会客商最多的综合性国际家具展览，为企业带来了商机和行业交流的机会。广州家具展移师上海对圣奥家具来说是一个巨大的机会，上海有更多商机，更多与外国知名品牌交流的机会，而上海虹桥家居理念现代化的设计、合理的布局对于上海虹桥家具展而言无疑是如虎添翼。我们对上海虹桥家具展充满信心，相信上海虹桥家具展必将成为中国家具行业的又一盛会。

国际家具媒体联盟 (IAFP) 当席会长 Dr. Casey Loo
广州家具展无疑是世界上规模最大的家具博览会之一，而更重要的是，这是一个已被证实了的优秀平台，帮助人们建立起联系、发展出有价值的商业关系。作为一位国际媒体人，我不得不说广州家具展是少有的、如此积极地开拓全球化宣传活动的展会，我和国际媒体联盟的其他成员都很高兴到会见证每一届展会的进步，我们已在期待下一届展会的到来了。

广州美术学院家具研究院
广州家具展是不可缺席的国际家具博览会。

美国 Ashley 爱室丽家居
广州家具展吸引了众多潜在及现有的经销商到来，扩大了品牌在中国的知名度。

美国 Tempur-Pedic 泰普尔
泰普尔作为全球床垫领先品牌，通过广州家具展这个平台，可以传递品牌价值，进一步拓展国内销售渠道。

意大利 Natuzzi 纳图兹
广州家具展的知名度高、规模大。

意大利 Chateau d' Ax 夏图
广大的知名度、充足的海外客户群以及广州家具展不可撼动的地位吸引着我们，帮助我们提高品牌知名度及寻找更多海外及国内客户！

国外采购商

美国采购商 Brandster 先生
这里有海量的顾客和实力雄厚的大厂家，我们公司每届都来采购。

俄罗斯采购商 Natalia 先生
我们要参加广州家具展，因为这是最大的、世界级的展会，为我们提供最丰富且价格合适的产品。

巴西采购商 Fraga 先生
我之前就来参加过展会，非常成功，所以这次又来了，这看起来又是一届成功的展会。

日本采购商 Ikeda 先生
来广州家具展了解亚洲的家具设计，新产品发布和配料使用的趋势是很有必要的，下届展会我们公司还会派员过来观摩采购。

国内采购商

浙江采购商胡先生
广州家具展在我们国内是品牌、知名度、产品质量、设计等角度最前沿的一个平台。

北京采购商张先生
展会很全面，方便了我们这种做全系列家具产品的经销商。

四川采购商刘先生
再次惊讶于展会的规模，这次我们也发现了很多优质的供应商，很棒。

广东采购商黎小姐
展会的专业观众多、专业性强、人气旺。

参展商数据分析

国内参展商数量：3 228家
海外参展商数量：456家

产品类型分析（按展览规模）

■ 民用现代家具	27.71%	■ 家居饰品及用品	8.90%
▨ 民用古典家具	9.42%	▨ 家纺布艺及辅料	2.01%
▨ 设计展	0.65%	■ 办公、酒店、公共家具	31.86%
▨ 户外家具及休闲用品	3.33%	■ 家具生产设备及配料	16.13%

产品类型分析（按企业数量）

■ 民用现代家具	17.40%	■ 家居饰品及用品	12.24%
▨ 民用古典家具	4.26%	■ 家纺布艺及辅料	5.56%
▨ 设计展	0.98%	■ 办公、酒店、公共家具	23.13%
▨ 户外家具及休闲用品	4.97%	■ 家具生产设备及配料	31.46%

观众数据分析

具商业价值国内采购商数量（不含购票观众在内）：123 531人
具商业价值海外采购商数量（不含购票观众在内）：24 579人

国内观众来源分析

■ 华南区域	60.06%	■ 东北区域	2.99%
■ 华东区域	20.67%	■ 西南区域	3.72%
■ 华北区域	6.98%	▨ 西北区域	1.47%
▨ 华中区域	4.11%		

海外观众来源地分析

▨ 亚洲地区（不含中国）	58.3%	▨ 南美洲	3.6%
■ 欧洲	18.7%	■ 非洲	8.1%
■ 北美洲	7.4%		
▨ 大洋洲	3.9%		

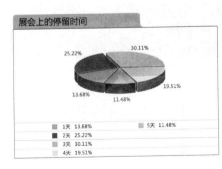

展会上的停留时间

▨ 1天	13.68%	▨ 5天	11.48%
■ 2天	25.22%		
▨ 3天	30.11%		
▨ 4天	19.51%		

CIFF的到会次数（新老客户兼具）

▨ 首次	21.81%
■ 第2次	22.47%
▨ 第3次	22.03%
▨ 第4次及以上	33.68%

第33届中国（广州）国际家具博览会展后报告

CIFF设计评奖 - 获奖名单

外观设计奖（单件产品）

金奖评语：
将折纸艺术巧妙地应用于金属折弯，使金属家具具有了轻盈的视觉之美、多变的色彩、简单的结构，时尚的尘调，令特定要具市场倾倒。

奖项	展位号	公司名称	产品名
金奖	3.1D02	GRADO DESIGN Co., LTD.	BEND CHAIR
银奖	2.2C01	联邦家私集团有限公司	吧椅
银奖	14.3A11	雅鹿家饰	ADM805铁质花饰
铜奖	1.2B01	佛山市斯帝罗兰实业发展有限公司	"广州" 软床
铜奖	1.2C03	宁波宽卓家用品有限公司	VD123409+1295DC, FLORENCE餐厅沙发
铜奖	8.1E10	嬉保五金制品（东莞）有限公司	VK-WH-SF
优秀	14.2C31	厦门市万石画艺有限公司	圆贝装饰品
优秀	14.4G01	深圳市塔势雕鉴艺术有限公司	TN073鲍鱼
优秀	15.2B03	中山市满庭芳花艺有限公司	高仿多刺花材
优秀	15.2D11	东莞市尔奥家居饰品有限公司	F1209A1+A2水晶树藤满椅
优秀	15.2D16	桂林市临桂县金戈铁马家饰品有限公司	荷花雕灯

外观设计奖（组合产品）

金奖评语：
以清式细度为基型，以荷花纹饰为主题，借喻荷花清正味德之品德，通过将荷花雕得有公道感协调，整体造型风貌有质感，又兼实用为养生之功效。

奖项	展位号	公司名称	产品名
金奖	11.3B02	中山市太兴家具有限公司	涟漪月色系列
银奖	3.2B01	康耐登家居用品有限公司	书房组合
银奖	8.1C01	佛山市亚太家私有限公司	CF105
铜奖	3.1B01	广州美术学院家具研究院	BOBOS 包包
铜奖	9.3B03	青岛市艺德实业有限公司	三人沙发组
铜奖	2.2B06	豫轩家具有限公司	DX-199沙发
优秀	4.2C08	隆顺客居品牌管理有限公司	松木软包卧房家具
优秀	6.1C04	嘉兴名度户外用品有限公司	户外休闲组合
优秀	10.2C02	伦勃朗家居有限公司	KT488沙发
优秀	11.3C01	北京扬辉时尚家具有限公司	Nancy-D1407餐厅
优秀	12.1C01	山东齐家家俬有限公司	B22真皮沙发

制造工艺奖

金奖评语：
通过先进的有机硅纳米材料处理技术与精湛的抛光磨木工艺结合，完美展现卧房家族，产品性能更加稳定。

奖项	展位号	公司名称	产品名
金奖	10.3C01	浙江圆融家具有限公司	WZ-2卧房床
银奖	1.2B01	佛山市斯帝罗兰实业发展有限公司	AH-S068沙发
银奖	10.2B02	佛山市帕尔玛名家家具股份有限公司	S1130沙发
铜奖	3.1C03	东莞市沙田镇自由空间沙发厂	休闲皮椅
铜奖	3.1C08	浙江森川家具有限公司	休闲椅
铜奖	11.2C03	浙江好人家家具有限公司	5757311-3装饰柜
优秀	5.2C01	北京世纪百强家具有限责任公司	美伦·漫步
优秀	10.2B01	中山市美盈家具有限公司	牛仔布纹装饰柜
优秀	11.1D01	北京大艦家具有限公司	F-9028沙发
优秀	11.2B03	浙江大漂家具有限公司（唯尔佳）	TY872卧室系列
优秀	11.3D02	宁波百邑文化传播有限公司	W01木质内饰产品

材料应用奖

金奖评语：
选用透气薄层滚动小弹簧以及负荷子精圆面料，以及可循环的安全质感，真有安全休保、健康、舒适的卓越功效。

奖项	展位号	公司名称	产品名
金奖	12.2C06	依思蒙之（北京）家具有限公司	玫瑰座后 软床
银奖	3.1D01	顺德区乐从镇苏沙康龙家具制造有限公司	曲木休闲椅
银奖	3.1B03	嘉兴艾德文家居用品有限公司	眼镜蛇边几
铜奖	6.1C04	嘉兴锐度户外用品有限公司	户外餐桌
铜奖	3.1D02	GRADO DESIGN Co., LTD.	LOTUS 边桌
铜奖	12.1C06	元织成家具加工厂	武则天沙发
优秀	4.1C01	东莞市拜菌家具有限公司	科技石面餐桌
优秀	11.3B06	苏州华韵红木家具有限公司	1302卧房系列
优秀	15.3A01	珠海大千家具饰品有限公司	松果系列
优秀	1.1D01	Star Furniture Pte Ltd	ARRYN 餐桌系列
优秀	2.1D12	星威国际家居有限公司	DC-S006系列

功能创新奖

金奖评语：
精心的多功能设计，在有限的床体空间内，完成从单座席到双的无缝转变。保证产品整洁，轻盈的功能性细节风格。

奖项	展位号	公司名称	产品名
金奖	10.1A01	东莞市林木格家具有限公司	艾伦679沙发
银奖	5.1A03	深圳市华仕杰家居用品有限公司	休闲椅
银奖	12.1D11	北京斯帕尔家具有限公司	马尼拉沙发
铜奖	10.1D06	北京家欧家私有限公司	HF-368沙发
铜奖	6.1B01	佛山市南海帝加花园家具有限公司	爱酷仕家虹伞
铜奖	10.1B01	廊坊碧统鸿福家具有限公司	P-A229皮沙发
优秀	1.2C08	星威国际家居有限公司	PELIKEN 系列实木沙发
优秀	6.1D05(停用)	佛山市耶丽区伴高五金制品有限公司	神十波回仓 户外家具
优秀	8.1E06(停用)	广州德荣家具有限公司	电熬烤台
优秀	3.2d12	霸州市钮茱客家具有限公司	U-LIKE UDT812餐桌

展位奖

金奖评语：
以其630周年历史回馈为主线，尊古御出处、原璞。时尚撰寄家和历年的代家家物作品有价格的碰合思相。代表了当代中国品成品家具文化的及展之。

奖项	展位号	公司名称
金奖	2.2C01(联邦)	联邦国家私集团有限公司
银奖	2.2B01	广州标卓家私装饰有限公司
银奖	2.1C06（美华）	敏华家具制造（惠州）有限公司
铜奖	9.1c03	珠海市意多客家私有限公司
铜奖	11.1D01	北京大艦家具有限公司
铜奖	11.3B01	中山市红古轩家具有限公司
优秀	3.1C03(Grado)	东莞市沙田自由空间沙发厂
优秀	11.1B08	广东曼米亚家具有限公司
优秀	12.1C01	山东齐家家具有限公司
优秀	15.3B2S	深圳市法诺家居有限公司
优秀	16.2F18	香港高度国际创意集团

CIFF设计评奖 - 获奖名单（一期）

外观设计奖（单件产品）

金奖评语：
以玫瑰花为造型设计的灵感源泉，对自然进化做了真好的加勒升华，优美的意象如同比相相了真好的加勒，凡的尺度与不同的色彩和造型搭配产品更加生动而完整。

奖项	展位号	公司名称	产品名
金奖	3.2A01	佛山市欧曼家具有限公司(美格利生)	玫瑰沙发
银奖	5.1B01	东莞市兆生家具实业有限公司	融系列班台
银奖	10.3B11	广州市莱特斯家具有限公司	小猪多功能坐具
铜奖	2.1D01	北京世纪京豪家具有限公司	AP79行政桌
铜奖	10.3C01	联友办公家具有限公司	GENIDIA办公椅
铜奖	11.3C08	浙江恒林椅业股份有限公司	Eiffel办公椅
优秀	1.1C01	中山市中泰龙办公用品有限公司	华夏系列
优秀	2.1A01	广东森拉堡家具有限公司	穿越系列
优秀	3.2A18	广东万开家具制造有限公司	WK-J08接待台
优秀	2.2E06	广州乐同工业科技有限公司	WR-king学习桌椅
优秀	4.1D01	中山迪欧家具实业有限公司	班台

制造工艺奖

奖项	展位号	公司名称	产品名
金奖（空缺）			
银奖	1.2C11	广州市至盛冠美家具有限公司	新中式酒店家具
铜奖	4.1B11	美勒森	卡洛尔办公桌
铜奖	4.1B01	浙江圣奥家具制造有限公司	SPARK系列
铜奖	13.2C01	广州市丽江经济发展有限公司	LS-13601礼堂椅
铜奖	1.1B01	深圳长江家具有限公司	CJ60C屏风
优秀	2.1D11	深圳市森普欧家具有限公司	铂帝逸酷01款
优秀	13.2B01	杭州恒丰家具有限公司	FLY-CANTEEN
优秀	3.1C01	广州柯瑞达家具有限公司	艾沃屏风系列
优秀	3.2C01	中山市东港家具制造有限公司	大班台
优秀	5.1C01	浙江春光名美家具制造有限公司	YB-180A系列

功能创新奖

金奖评语：
创新独特的FLAT技术，应用于桌案家具上，可以自动平稳桌面，可适应不同地域，这是一款全新的解决方案，无论桌子位于何处，都能防护保持稳固，即时调节的精妙设计十分方便简，最后锁定定位，无论桌子都能防护多不少，都能轻松调节。

奖项	展位号	公司名称	产品名
金奖	1.2F12	FLAT Pty Ltd	Auto-Adjust Table Bases
银奖	5.2C01	诺梵（上海）办公系统有限公司	LEDO灯屏
银奖	3.1C11	广州市欧林家具有限公司	泡克钢柜
铜奖	3.1B01	陕西中嘉时代家具有限公司	木铝风系列
铜奖	4.2B11	株式会社冈村制作所	Sabrina Smart Operation 办公椅
铜奖	10.3C15	广州市好瑞缘办公家具有限公司	新舰M01办公椅
优秀	12.2C01	鸿盛豪家具（福建）有限公司	中梯组合式公寓床
优秀	10.3B18	东莞致诚办公家具有限公司	Lafit办公椅
优秀	9.2B08	佛山市高尔富家具有限公司	按摩椅
优秀	6.1C01	杭州德昌五金家具有限公司	DSOA-18S办公桌架
优秀	10.3A03	东莞市卓铭家具有限公司	伞兵椅

外观设计奖（组合产品）

金奖评语：
从单一品产品用推崇观念为办公功能，办公行为，办公更和与办公环境的遇境，设计已不再局限于单个产品的表观效度，而是一个更全量，系统和具结合的联合方案。

奖项	展位号	公司名称	产品名
金奖	4.1C01	广州百利文仪家具有限公司	继续系列
银奖	4.1B11	美勒森	沃赛特工作站
银奖	3.1D01	广州开林家具有限公司	格里120°三人工作站
铜奖	5.2B01	北京猫王家具有限公司	员工组合台日常办公
铜奖	2.2D11	中山市奥盈家具有限公司	永恒系列酒店餐房家具
铜奖	3.2B01	深圳市优的家具股份有限公司	绿树叶板材工作位
优秀	2.2C08	广东雅柏家具实业有限公司	休闲沙发组合
优秀	3.1B11	杭州忠优奇家具有限公司	FLY工作位组合
优秀	4.2B01	深圳智汇办公家具有限公司	概念1办公组合
优秀	9.2C01	佛山市城晖办公家具有限公司	老船木成套办公家具
优秀	5.1A01	中山市华盛家具制造有限公司	凌恩系列办公家具

材料应用奖

金奖评语：
采用一次东热型的环装聚期性体座型聚合发粘料HYA，作为办公对的森森的座垫，形成粒立密封又有着着彩的感受，表面不用布面的保护包强，有冷工艺，更为产品更，可以成成不同色处理想的时尚风格。

奖项	展位号	公司名称	产品名
金奖	9.3C01	广州国铺办公家具有限公司	Evolve办公椅
银奖	3.2A01	佛山市欧曼家具有限公司(美格利生)	FS班台系列
银奖	4.1C01	广州百利文仪家具有限公司	CUBE高隔间
铜奖	5.2B11	浙江冠臣家具有限公司	凌志系列办公家具
铜奖	5.2C18	广州市成意家具有限公司	天燕水晶高隔间
铜奖	3.1C11	广州市欧林家具有限公司	竹会议桌
铜奖	4.1B01	浙江圣奥家具有限公司	维拉屏风
优秀	2.1B01	浩森家具集团	玛瑞办公系列
优秀	12.2 E01	浙江森川家具有限公司	PW-035办公椅
优秀	1.2C01	广东中泰家具实业有限公司	酒店客房系列
优秀	12.2D01	汕头市新世纪家具实业有限公司	NC468办公椅

展位设计奖奖

奖项	展位号	公司名称
金奖	1.1D01	中山市迪欧家具有限公司
银奖	4.2C01	佛山市南海新达威实业有限公司
银奖	1.2C01	广东中泰家具实业有限公司
铜奖	5.2C08	浙江大地家私有限公司
铜奖	1.1D11	中山市中泰龙办公用品有限公司
铜奖	5.2C01	诺梵（上海）办公系统有限公司
优秀	2.1A01	广东森拉堡家具有限公司
优秀	3.1D11	广东富美达办公家具集团有限公司
优秀	11.3B01	鹤山市博森家具有限公司
优秀	4.2B08	上海意高家具有限公司
优秀	9.2C01	佛山市城晖办公家具有限公司

CIFF设计评奖 - 获奖名单（二期）

下届展会预告

全题材阵容，引领秋季家具风尚
9月广州家具展再添新亮点

始创于1998年，中国（广州）国际家具博览会（以下简称"广州家具展"）每年两届分别在3月份和9月份举行，已经成功举办了三十三届展会，享有"品牌第一阵营""亚洲家居交易中心""中国家具业的晴雨表"等美誉。

硕果金秋，第34届中国（广州）国际家具博览会将于2014年9月5-8日在广州琶洲·广交会展馆盛大举行，本届展会锐意革新、亮点纷呈！

家具全系列题材展示，打造秋季盛会

往届的9月广州家具展主要针对民用家具、户外家具与家居饰品、家纺布艺等家用产品题材的展示，本届展会将做出重大改革，在原有的产品题材上，增加办公家具、家具生产设备及配件等题材，形成贯通家具市场上下游，结合家居及办公环境相关题材，覆盖全系列行业产品的综合型一站式国际展览平台。

实力企业与行业精英汇聚，分享商机无限

9月展会规模达20万平方米，联邦、康升、顾家、兴利、健威、皇朝、斯帝罗兰、挪亚家、穗宝、华诺、富丽、上域、丽星、帷特思等民用现代家具品牌；四海、美盈、欧宜风、天源、雅梦娜等民用古典家具品牌；汕头新世纪、鸿基、年年好、理念、美邦、力丹、日宇、优胜、海蒙、柯维等办公及酒店家具品牌；派风、Global-Gate、德荣、藤煌阁、雅藤、飞藤行等户外家具品牌；可立特、捷美、美迪克、你可居、金王、金达、莱菲、蒂高美居、四通、令高、百纳等家居饰品品牌；勒流五金产业创新中心、联合之星、泰明、泰强、祥兴、兆钢、卓凯等家具生产设备及配料品牌企业云集，预计
参展商数量超千家，超过190多个国家和地区的有商业价值的专业采购商和行业人士到会。来自德国、比利时、俄罗斯、美国、澳大利亚、土耳其、日本等地的国际专业买家团和国内的大型家居采购团组、设计师团体也将莅临第34届广州家具展，共襄盛会。

现场服务贴心护航
让全球客商乐享贵宾礼遇

3月展会启动现场办证的简化程序，得到了广泛好评。本届9月展会将继续实施"身份证或护照＋名片，即可免填表、免费办证入场"的快捷办证程序；除此之外，即将上线的全新版官方网站及展会APP应用软件，将推出参展企业快速搜索和导航等一系列新功能，进一步优化现场服务系统，提供更便捷、高效、舒心的观展体验，享受展会的缤纷乐趣。

让我们共同期待、乐享广州家具展的无限魅力吧！

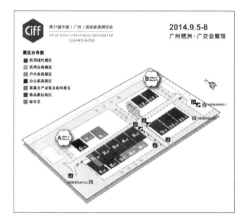

中国对外贸易广州展览总公司
CHINA FOREIGN TRADE GUANGZHOU EXHIBITION GENERAL CORP.

电话 Tel：+8620-89128061/89128065
传真 Fax：+8620-89128222-8102

邮箱 Email：ciff@fairwindow.com.cn
网址 Website：www.ciff-gz.com

第七章 总结与综述

本书的前六章对大型展览策划与运作的各个方面做了详尽的介绍，并列举了大量的实际案例进行说明。每一章的案例中都包括了广交会和其他展览，这主要是因为广交会作为世界规模最大的单年展，其产品跨度也位居世界第一，无疑是最具代表性的。然而，每一个展览都有它自身的特色，这是它在市场上得以存在的原因，同时也都有一些与其他展览的相通之处。在不同的章节把广交会与其他大型综合展的各个方面进行对比，我们可以得到一个更完整、全面的认识。

通过前六章对广交会的全面解读和与其他展览的对比分析，我们可以非常清晰地看出，广交会的成功，不仅仅在于她有政府资源的投入，更重要的是她从诞生之日起就是一个顺应市场要求的产物。从1957年第一届起，她始终坚持"看样成交"的办展思路。这四个字，其实就是最朴素的市场经济贸易型展览的精髓，这在计划经济初期，是非常具有突破性的。遵循市场规律，以满足参展商、采购商需求为核心，是广交会始终保持旺盛生命力和竞争力的关键。

我们可以发现，广交会在她58年、116届的历程中，从来没有由展览承办方举办过贸易成交签约仪式，让企业安安心心做生意才是广交会的关注点。广交会所举办的重大活动，除了开幕酒会这一基本的礼节性活动外，其他都是基于参展商和采购商的需求而举办。我们同样可以看到，在国内众多政府主导的大型综合展上，成交签约仪式、宣布重大合作项目等往往却是最重要的内容和成果之一，企业参展实际洽谈的情况却较少受到关注。本来政府介入展览会，是希望能够"政府搭台，企业唱戏"，但过多把注意力和办展资源放到各类仪式上，反而容易淡化参展企业与采购商的资源，让企业成为配角，变成了"企业搭台、政府唱戏"。正如前面章节中提到的，开幕后，主办方就应该退居配角，无为即最大的有为。这一点，是政府在介入大型综合展时最应该避开的陷阱。大型综合性展览本质上还是一个商业活动，只有在商业上取得成功，实现财务上的良性循环，也就是广交会常说的"以会养会"，附加在上面的所有其他使命，包括政府的政策目标等才能得以更好地实现。

在本书编写过程中，恰逢新一届政府提出"市场要在资源配置中起决定性作用"，政府将减少参与具体的经济活动。同时，党中央也出台了《关于改进工作作风、密切联系群众的八项规定》，其中第二条就是"要精简会议活动，切实改进会风，严格控制以中央名义召开的各类全国性会议和举行的重大活动，不开泛泛部署工作和提要求的会，未经中央批准一律不出席各类剪彩、奠基活动和庆祝会、纪念会、表彰会、博览会、研讨会及各类论坛；提高会议实效，开短会、讲短话，力戒空话、套话。"可以预见，政府部门将会减少直接参与展览会的具体活动，一些重大活动的规模也会缩减。但这是否意味着大型综合性展览将会失去市场甚至失去存在的意义呢？笔者认为，首先政府参与大型综合展览这种模式不会消失，因为它有存在的市场作用和意义；其次党中央和新一届政府的新要求和新思路，反而是当前一些政府参与过多的展览会回归展览本源的契机和推动力，因为一些喧宾夺主的不必要活动将减少，政府可能会更关注大型综合性展览的成效本身；最后，大型综合性展览将来的发展，更多取决于主办方的组织专业水平——也就是按市场规律办展的能力，而非政府资源投入的多寡。

事实上，政府主办的展览会并非仅仅在我国特有，在许多国家也普遍存在。比如在市场经济最发达的美国，有一个著名的"纽约州展览会 New YorK State Fair"，创办于 1841 年，是美国第一个州级的展览会，最早是由纽约州农业协会 New York State Agricultural Society 举办，后来由于农业协会无力承担永久性场馆建设费用，改由州政府出资接手，并由政府任命一个 11 人的委员会专门负责该展览，可以说是一个由民办变成政府主办的展览。从此以后，该展不断发展，从最初的农牧产品展览发展成为包括反映纽约州各行各业发展情况的大型综合性博览会。它强调展览的主要目的是："展示和庆祝纽约州本地的经济、文化和制度优势，其中农业作为最大和最重要的行业之一，是展览的重点"。展览期间还会举行各种各样的活动，后来更把露天音乐会也引进展览，使该展览成了纽约州的一大盛事，已经类似一个展览＋嘉年华会，12天的展览吸引观众高达一百万人。

从政府的角度来看，该展览商业化运作，财务上可以完全自给自足，展示并推动当地经济发展；同时也可以为高达百万的观众带来欢乐，用我们的话来说就是"取得了经济效益和社会效益双丰收"。

另外，即使是国外由商业机构举办的大型综合展，也可以引入行政资源和力量，通过举办重大活动来提高展览的知名度和影响力。最典型的例子莫过于汉诺威工业博览会。主办方是商业机构德国汉诺威展览公司。近几年来，为扩大其全球影响力，该展每年均设一个主宾国，比如2012年的主宾国就是中国，时任国务院总理温家宝与德国总理默克尔共同出席了德国汉诺威工业博览会开幕式，并发表题为《坚持改革开放，推动创新发展》的演讲。同样，2013年该展主宾国是俄罗斯，俄罗斯总统普京也与德国总理默克尔共同出席了当届汉诺威工业博览会的开幕式。

通过引入这一带有明显政府色彩的重大活动，汉诺威工业博览会进一步提高了它的国际声誉和影响力，并大大推动了主宾国企业与德国企业之间的经贸与技术交流。由此可见，在欧美发达国家的展览中，同期举办一些高层的重大活动，同样可以起到提升展览会效果的作用。

通过上述两个例子我们可以看到，在欧美发达国家同样可以存在一些大型综合性展览，在取得商业性的成功之余，承载着超越展览本身之外的其他使命，并且与展览本身相得益彰。从某种意义上来说，这些使命本身也是一种市场需求，需要以某种形式得到的满足，而一些大型综合性展览会恰好是形式之一。这也是为什么笔者认为政府参与大型综合展览这种模式仍有它存在的市场作用和意义的原因。

从这两个案例也可以看出，这样的展览既可以由政府主办，也可以由商业机构主办、政府参与，模式本身不是关键所在。值得注意的是，在汉诺威工业博览会上，即使是两国国家领导人共同出席的最高层次活动，也没有喧宾夺主，企业的参展洽谈没有受到影响。这也是我们在本书反复强调的方面。

同时我们也注意到，这两个非常成功的大型综合展，政府资源的投入均不多。纽约州展览会仅仅指派了一个委员会，几乎没有投入；汉诺威工业展则只是政府首脑出席了展览期间的一场活动，对展览本身没有参与也没有特别投入资源，但这些都无碍两个展览的成功。关键在于两点，一是展览本身切合市场需求；二是有专业机构长期运营。广交会的成功，也无外乎这两点，对于中国其他大型综合性展览来说，亦是如此。

参 考 文 献

1. ［美］布里克利，史密斯，施泽曼. 管理经济学与组织架构. 北京：
   华夏出版社，2001

2. 中国对外贸易中心. 百届辉煌. 广州：南方日报出版社，2006

3. 应丽君. 会展绿皮书：政府主导型展会发展报告（2010）. 人民日报出
   版社，2010

4. 华谦生. 会展策划与营销. 广州：广东经济出版社，2006

5. 孙明贵. 会展经济学. 北京：机械工业出版社，2009

6. 上海市标准化研究院. 展览业标准化综论——〈经济贸易展览会术
   语〉国家标准解读. 北京：中国标准出版社，2011

7. 菲利普·科特勒，凯文·莱恩·凯勒. 营销管理（第 14 版·全球版）.
   王永贵等，译. 中国人民大学出版社，2012

8. 过聚荣. 会展导论. 上海：上海交通大学出版社，2006

9. 华谦生. 会展管理. 广州：广东经济出版社，2008

10. 刘松萍，梁文. 会展市场营销. 北京：中国商务出版社，2004

11. 丁烨. 会展参展管理. 天津：南开大学出版社，2009

12. AUMA. Successful Participation in Trade Fairs. 2011

13. 中国对外贸易中心. 广交会逢十届庆祝活动工作流程及规范. 2012

14. 马勇，冯玮. 会展管理. 北京：机械工业出版社，2007

15. 黄丹，李乃和. 市场调研与预测. 北京：北京师范大学出版
    社，2007